小岛经济学

经济学通识课7讲

[日]麦太郎——著

白　鹿——译

井上智洋　望月慎——审校

中国科学技术出版社
·北 京·

Original Japanese title: TODAISEI GA NIHON WO 100 NIN NO SHIMANI TATOETARA
OMOSHIROIHODO KEIZAI GA WAKATTA!
by Mugitaro, supervised by Tomohiro Inoue, Shin Mochizuki
Copyright © MUGITARO 2022
Original Japanese edition published by Sanctuary Publishing Inc.
Simplified Chinese translation rights arranged with Sanctuary Publishing Inc.
through The English Agency (Japan) Ltd. and Shanghai To-Asia Culture Co., Ltd.

北京市版权局著作权合同登记 图字：01-2024-1141

图书在版编目（CIP）数据

小岛经济学：经济学通识课 7 讲 / （日）麦太郎著；
白鹿译 . -- 北京 : 中国科学技术出版社 , 2025.4（2025.6 重印）.
ISBN 978-7-5236-1172-2

Ⅰ . F0-49

中国国家版本馆 CIP 数据核字第 2024KR3868 号

策划编辑	杜凡如　赵　嵘	责任编辑	赵　嵘
封面设计	仙境设计	版式设计	蚂蚁设计
责任校对	邓雪梅	责任印制	李晓霖

出　　版	中国科学技术出版社
发　　行	中国科学技术出版社有限公司
地　　址	北京市海淀区中关村南大街 16 号
邮　　编	100081
发行电话	010-62173865
传　　真	010-62173081
网　　址	http://www.cspbooks.com.cn

开　　本	880mm×1230mm　1/32
字　　数	187 千字
印　　张	8.75
版　　次	2025 年 4 月第 1 版
印　　次	2025 年 6 月第 3 次印刷
印　　刷	大厂回族自治县彩虹印刷有限公司
书　　号	ISBN 978-7-5236-1172-2/F·1340
定　　价	59.80 元

序言

这是一本通读一遍之后就能成为"略懂经济的人"的书。

这怎么能做到呢？！

大家看到第一句话应该都会这么想吧，这并不奇怪。

相信绝大部分说"我很想了解经济，但怎么也搞不懂"的人，在翻开本书之前一定也努力读过一些经济方面的书，学过与经济相关的知识，但即便如此，也依旧听不懂每天播放的经济新闻，不太理解政治家们争辩的内容。

对于这样的读者，我有些话想说。

即使知道"通货膨胀""利息""景气循环"等零碎的经济用语，其实也没有什么太大的意义。为什么这么说呢？这就跟你知道空格键和回车键是用来做什么的，但并没有了解电脑究竟可以用来做什么是一样的道理。

为什么经济难以理解？因为这个话题的规模过于庞大，我们难以把握它的全貌。

因此，我想先请你把经济想象成是一座 100 个岛民居住的小岛。

然后，在短时间内一口气把这个结构放入自己的脑中。

尝试保持着这个状态和别人交谈。

在这之后，你一定能找到那个略懂经济的自己。

本书将带领大家找到那个略懂经济的自己。

等到达"略懂经济"的境界后，在之后每一天的生活中，你一定会自然而然地关注经济，并且拥有自己的见解。

例如，听到这样一段日本国会答辩，你会有什么样的感受呢？

"对今后的日本而言，重新审视社会经济及产业结构，实现民间主导的经济增长是一项极其重要的任务。尽管此前的财政拨款均基于对国家经济状况的全面辨析，但倘若国家的债务无法实现可持续发展，抑或国民失去对国家财政运营的信赖及认可，就有可能导致恶性的利率攀升及过度的通货膨胀等问题的发生，并对国民生活造成巨大影响。因此，我们必须实现以民需为主导的经济增长，同时还需继续开展年终收支的改革措施，以谋求经济再生化与政策健全化的共立并存。而提高消费税，则是向全民社会保障体系转换的过程中必不可少的一部分。在兼顾国家财政均衡发展的前提下，应针对雇佣、收入、保障住房等课题实施更为细致的措施，从而支援中低收入群体。此外，我们还期待在提高生产性能的过程中，能够通过提高最低工资来推动薪资增长。"

你刚听到上述报道时，或许认为这堪比枯燥至极的咒语。

但是，将本书通读一遍之后，相信你不但能够轻松理解上面这段话，甚至还会**自然而然地产生自己的想法**："话虽如此，但真的是这样吗？流通货币确实会被计入国家债务，但那是以国家的征税权为基础的，所以应该几乎不存在实质性的风险呀！消费税降低一些应该也没关系吧？"

当然，如果有人问我："经济发展对我们的生活有什么帮助呢？"这确实是一个难以回答的问题。但至少对我来说，当我懂经济之后，世界瞬间就变得更加清晰了。我看到每一则经济新闻都会觉得很兴奋，"太有趣了！""接下来会发生什么事情呢？"。我会对世间发生的每一件事情都产生更深的理解，"问题应该出在这儿吧？""肯定会变成那样吧？"，甚至还会产生"日本应该这么做才行吧？""这个政策真的很棒！"等想法。

这样度过的每一天，都让我拥有更为强烈地感受到作为人类活着的实感。

我衷心地希望大家也能体会到和我一样的感受。

抱着这样的想法，我写下了本书。

那么接下来，就让我们和岛民们一起，在小岛上感受经济世界的乐趣吧。

麦太郎

注意事项
关于"100 个岛民的小岛"的比喻

- "100 个岛民的小岛"是将某个"以资本主义为基础的民主法治国家"变形后得到的
- 本书的理论解读模块仅聚焦于"货币和国家的结构"部分
- 本书中出现的人数、金额、时间等数字与实际数字无关
- 理论解读模块的讲述并不按照经济发展历史的顺序来进行
- 书中提及的动物种类不含特殊意义
- 本书采用了诸多自创的变换称呼,如将日本银行称作"日元印钞部门",将债券称为"××券"等

　　以上均为作者为了排除难懂之处而下的一番功夫。敬请各位读者在理解上述注意事项的基础上进行阅读。

目录

第七章

7

挑战与未来展望

第一章

商品经济产生以前

使用语言

100 只黑猩猩漂流到一座无人岛上，开始了它们的生活。

100 个人漂流到一座无人岛上，开始了他们的生活。

这两种生活的根本区别在哪里呢？

在于"语言"。

因为黑猩猩会按照自己的想法觅食，所以每一只黑猩猩都过着自给自足的生活。

与之相反，人类却可以通过以下方法生活。

A："我来盖房子。"

B："我去找水。"

C："我去采购食物。"

D："我负责守卫，看大灰狼会不会来。"

通过使用语言，人类轻松地分配了任务。

不仅如此，人类还能通过语言，对上述盖好的房子、找到的水以及采购的食物进行分配。

不过，假设大灰狼没有出现，那就意味着在这个过程中，D 的任务变成了站在那儿就可以了。

这种假设要是发生在黑猩猩身上，它们就不会把盖好的房子、找到的水和食物等分给只在旁边干站着的 D 了。

但是，人类可以通过语言共同确认"守卫"这项工作的重要性，并实现相互理解。因此，在这种情况下，即便把水和食物等分享给了 D，也不会有人不满。

人类	黑猩猩

第 1 代

天才发明了冶铁技术！

第 2 代

学习冶铁技术，发明了电！

第 3 代

学习冶铁技术及电力知识，发明电灯！

第 N 代

学习各种各样的知识，发明智能手机！

知识的传承 ➡ 技术的发展

第 1 代

天才发明了冶铁技术！

第 2 代

冶铁技术失传。

第 3 代

没什么特别的。

第 N 代

天才发明了冶铁技术！

知识无法传承

不仅如此，因为拥有语言，人类还可以使知识得到传承。

假设有一个人花费几十年的时间发明了冶铁技术，那么他的后代就无须再花上几十年的时间进行反复试验，可以直接通过语言来学习并掌握冶铁技术。

这么一来，后一代人便可以在前一代冶铁技术的基础上，创造更加先进的技术。

正是因为继承了人类几千年来积累的知识，现在的我们才拥有了制造智能手机等惊人的科技。

然而，如果让人类在无人岛上从零开始创造智能手机，那可能就需要花上好几千年的时间了。

如上所述，人类便是在使用语言"分担任务""分配产品""传承知识"的过程中不断发展起来的。

而这正是人类的优势所在。

并且，经济也将从这里起步。

接下来，就让我们一起，通过动物们居住的小岛去探索一下"经济"这个看起来既单纯又复杂的神奇的东西吧！

分担任务

请想象一下，这里是一座居住着 100 个岛民的小岛。

岛民们并非独自过着自给自足的生活，而是全岛居民相互协作，通过分担任务来度过每一天。

这 100 个岛民想要生活下去，需要 3 种必不可少的元素：**食物、产品、服务**。

为了创造出这 3 种生活必需品，岛民们都在努力工作。

首先，这 100 个岛民中**有 10 个岛民是农民**，他们能够种出"食物 × 100"的粮食。只要有"食物 × 100"的粮食，100 个岛民就能免于饥饿，生活下去。

其次，**有 40 个岛民是手工艺人**。他们能够生产出各种各样的产品，包括房子、家具、衣服、日用品等。只要有这 40 个手工艺人，就能制作出"生活必需品 × 100"。

最后，还有 **50 个岛民从事服务业**。他们中有的能帮大家剪发，有的能够为大家搬运货品，还有的是搞笑艺人，能够为大家带来欢笑，诸如此类。他们共同为创造一个更为优良的岛内环境，为 100 个岛民能更加幸福快乐地生活下去提供相应的服务。

	农民 10 个岛民
食物 100 人份	
	手工艺人 40 个岛民
产品 100 人份	
	服务业 50 个岛民
服务 100 人份	

现在，我们的问题来了。

这个小岛上现在还不存在货币，那岛民没有货币能活下去吗?

分配的困境

接着上节结尾问题，答案是：能活下去。不过，活下去的前提是所有岛民都是关系融洽的近亲。

因为食物、房子、日用品以及服务等都是充足的，如果能做到每个人都平等分享，就不会出现岛民饿死的情况。

事实上，在货币尚未出现的时代，原始人就是以小团体的形式聚集、居住在一起，相互商量，愉快分享，和睦相处。

然而，如果小团体人数升至 100 人以上（或更多），上述办法就行不通了，因为会出现各种各样的问题。

"再多给我点芋头！"

"我觉得那家伙的房子好，我要跟他换！"

"明明我比那个岛民捉到的鱼更多，为什么只能穿跟他一样的衣服？不公平！"

群体中开始出现抱怨的岛民。

如上所述，当人数增加之后，想要全体岛民依然融洽友好地分享食物、房屋、日用品和服务等，就会变得愈发困难。

不仅如此，分担任务（工作）也是一件难事。

"要种出够 100 人吃的芋头，工作量太大了，再增加点农民的人数吧！"

"手工艺人的工作太危险了，我可不想做。我想去当农民，或者去做服务业。"

"你那么闲的话，就去把岛上的垃圾捡一捡啊！"

"什么时候才有人来给我们建一座桥啊？"

任务难度因工作而异，并且不同的岛民对于工作的"需求度"也存在不同。因此，想要友好融洽地决定各项工作究竟应该由谁来做，需要多少人做，十分困难。人数越多，就越不可能实现资源和工作的均衡分配。

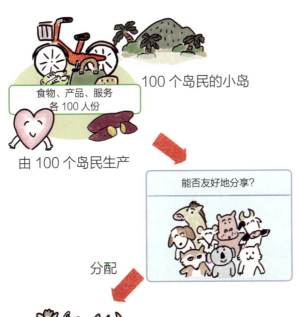

100 个岛民的小岛

食物、产品、服务
各 100 人份

由 100 个岛民生产

能否友好地分享？

分配

难以始终维持友好融洽的状态

于是，岛民们就推选出了一位首领。

接着，这个首领开始决定分配事宜。

"你一直都在偷懒，只能分 1 个芋头，还有 1 件破破烂烂的衣服。"

"你很勤劳，给你分 10 个芋头和漂亮的衣服。然后，再送给你一次理发服务吧！"

尽管如此，也并非事事如意。因为首领不一定都是好人，在分配时，他可能会把从岛民那儿收集来的食物、产品和服务多分给自己，或者多分给自己喜欢的岛民。

另外，即便这个首领真是一个好人，但面对 100 个岛民时，他也无法精确地掌握每一个岛民的"努力程度"，这也会引发民众的不满。"明明我种出的芋头比旁边那块田种出的芋头更好吃……""明明我造出了那么多结实的椅子……""明明我写出了岛上最有趣的故事书……"

于是，100 个岛民又开始进行协商。

最终，他们开发出了一个用来调整全体岛民得失的系统。

只要拥有这个系统，就能平等地分配食物、产品和服务，工作任务的分配也能变得更加顺畅。这么一来，大家的生活也会变得更加轻松。岛民们对此充满了期待。

那么，这究竟是一个什么样的系统呢？

100 个岛民的小岛

食物、产品、服务
各 100 人份

由 100 个岛民生产

由首领来分配?

分配

无法保证公平

制定规则及引入货币

为了使小岛变得更加易于居住，岛民们决定引入一个新系统。**这个新系统，就是"国家"。**

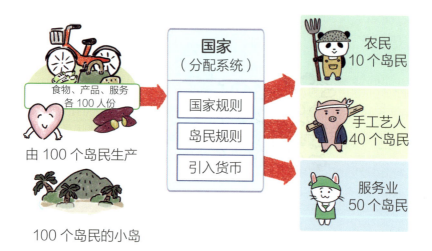

食物、产品、服务各100人份
由100个岛民生产
100个岛民的小岛

国家
（分配系统）
国家规则
岛民规则
引入货币

农民
10个岛民

手工艺人
40个岛民

服务业
50个岛民

因为在小岛上引入了"国家"这一系统，所以**岛民们先要制定构成国家基础的"国家规则（宪法）"**。所谓国家规则，规定的是"可以自由地选择喜欢的工作""可以自由地表达自我""以全体人民的幸福生活为目标""严禁妨碍他人的思想自由""禁止发动战争"等，这些都是必须遵守的规则。**除非发生异常严重的事**

情，否则不允许更改。

除了国家规则，还必须制定"岛民规则"。岛民规则是指一些更为具体的规定。例如："不得盗窃食物、产品""损坏食物、产品需赔偿""不得擅自闯入他人房屋""不得诓骗他人，随意出售产品""不得胁迫儿童工作"等。与国家规则相比，这些规则在可变度上更加灵活。**未来需要改变规则时，岛民规则比国家规则更易于修订。**

在上述规则基础上，岛民们还引入了"货币"这一新的元素。自从货币出现后，岛民们围绕"怎样给每个人分配芋头"的争吵情况消失了。因为想吃得更多的人只要干更多的活，赚更多的钱，去买更多的芋头就行了。

规则的制定和货币的使用，不仅使"产品和服务的分配"变得更加顺利，同时也解决了"任务分配"的问题。

根据规则，在这座岛上，每一位岛民都可以从事自己喜欢的工作。

然而，这样一来，那些虽然大家都需要，但是由于工作强度太大，做起来很辛苦，谁都不太愿意去做的工作，就会慢慢变得人手短缺。

但是，即便辛苦，也改变不了这个工作是全员需要的事实，因此，人手越是短缺，从事这项工作就越赚钱。当这项工作变得能够赚取更多的报酬之后，想要从事这项工作的人的数量就会慢慢增加，人手短缺的问题就会自动得到解决。

不仅如此，因为岛民们赚钱是为了吃上更多的芋头，所以农

100 个岛民的小岛

食物、产品、服务
各 100 人份

由 100 个岛民生产

通过规则和货币来管理

分配

可以达到均衡分配

民们也会想要种出更好的芋头，从事服务业的人也会努力提供更好的服务。所有岛民都变得更加努力，因此整座小岛在产品和服务方面得到了良性发展。

如上所述，通过"建立国家，制定规则和引入货币""产品和服务的分配"及"任务分配"，问题的解决就变得更为顺畅了。

设立政府和公务员

话说回来，即便 100 个岛民都宣称，"我们引入了一个叫作国家的系统"，但这样做还远远不够。

为了让这个系统真正发挥作用，岛民们还必须拥有一个能够思考、商量和决定"今后该如何建设国家"的场所。

于是，100 个岛民又设立了一个被称为"政府"的机构，将其作为思考、商量和决定国家大事的场所。

接着，他们通过选举的方式，从农民、手工艺人、服务业工作者等群体中选出了各自的代表。

此后，被选中的代表便在政府中，遵照国家规则，去思考、商量和决定"今后该如何建设国家"的问题。

◎ 在现实世界中的日本，被选举出的代表们作为"国会议员"，通过国会进行协商，决定日本今后的各项国家大事。

◎ 在本书中，我们将小岛上的政府（包括国会、内阁）总括为一个机构，而现实的日本则是由国会负责立法，内阁负责行政。

虽然设立了政府，但还是不够。因为只是口头公布"岛民规则要这样处理""国家下个月开始要实行这项政策"，事情并不会自动发生，还需要有"逮捕违反规则的岛民""制造岛上使用的货币""执行政府决定的事项""从事国家管理工作"的群体，即具体执行政策的人。

于是，在 50 个从事服务业的岛民中，有 20 个岛民成了为系统顺利运行而工作的"公务员"。

公务员将从事逮捕违反规则的岛民、印钞、决定国家大事等事务，使国家这一系统发挥作用。

接着，成为公务员的 20 个岛民，开始在纸片上盖上"円"的印章，印刷出这个国家原创的法定货币——"日元"，并给每一个岛民分发 1 万日元。至此，"日元"开始出现在岛上并流通开来。

随着法定货币"日元"的登场，各行各业的岛民都可以用日元（作为农民的熊猫们用出售食物获得的日元，作为手工艺人的猪们用出售产品获得的日元，从事服务业的兔子们用提供服务获得的日元，公务员大猩猩们用为系统顺利运转工作赚到的日元）去购买他们想要的食品、产品和服务了。

获得劳动付出的相应的报酬

用钱购买

食物、产品、服务
各 100 人份

当然，货币"日元"也并不能为我们解决所有围绕产品和服务分配及任务分担所产生的问题。诸如收拾岛上的垃圾、灭火、研究未来或许可以派上用场的新技术等，这些"对岛上每一个人都很重要，但难以转化为金钱财富"的工作，如果放任不管，就真的不会有人去做了。于是，这样的工作就交给公务员去做。

另外，像与水、天然气、电等相关的工作，即"虽然能转化为钱，但若交给坏人或狡猾的人负责，将会对全岛人民造成不良影响，还是交由国家管理为好"的工作，也会交给公务员去做。

国家的工作（文书类工作、维护治安、货币的发行等）

重要但难以转化为金钱财富的工作（清扫、消防、基础研究）

交由国家管理为好的工作（与水、天然气、电相关的工作）

公务员

如上所述，通过政府和公务员的设立，系统终于可以运行，再也不用每一件事都去问"由谁来做""该如何分配"了。

到此，所有的问题似乎都得到了解决，但实际上，这里还剩下一个很重要的问题。

如果我们只走到这一步，实际上还不会有人把"日元"当作货币来使用。

试想假如有人突然给你一张写着"日元"的纸片，并告诉你"这张纸片是有价值的"，你肯定会想：一张纸片能有什么价值？

光在纸上印刷出精美的 1 万日元字样，并不能把这张纸变成钱。

那么，究竟怎样才能让全体岛民感受到日元有价值，并且愿意把它当作货币来使用呢？

关于这一点，我们到第二章中再继续解释。

国家
（分配系统）

国家规则

岛民规则

引入货币

公务员
20 个岛民

我们制造了一种叫作日元的货币，大家来用用吧。

这不就是一张纸片吗……没啥价值吧。

理论解读

"谁来负责?""如何分配?"

虽然问得有点唐突,但大家觉得人类和猴子的区别在哪里呢?

外表、智力、身体机能……能举出的不同点有很多,但最大的区别,在于语言。

人类通过双腿直立行走,使整个身体往上提,喉咙的结构发生改变,从而使发出更为多样的声音成为可能。

然后,人类开始为各个声音的组合赋予不同的意义,创造出有含义的单词。

接着,人类又通过这些"有含义单词"的组合,使一次性传达大量信息成为可能,相互间交流沟通的能力得到了质的飞跃。

凭借语言,人类对各项工作任务进行了更好的分配。外出捕猎的人、整顿家务的人、从事农业的人、养育孩子的人,等等。这使人类的生产效率远远超过了其他动物。

当然,有些动物也能够在其基因编组的范围内进行任务的分担。例如,狮子狩猎时是由多头雌狮子集体合作进行的;蜜蜂等昆虫也有工蜂、蜂王等角色的分配,拥有属于它们自己的一个小社会。

尽管如此,**世界上没有一种动物能够像人类这样灵活地进行任务分配。**

人类不需要遗传基因的预先安排，只需通过语言的使用，就可以实现因时、因地制宜的协商。如"你去取点喝的水回来，我去捕猎"等。

假设，10只猴子和10个人处于同样的情况，都需要水和食物。这时，虽然所有的猴子心里都知道自己需要水和食物，但每一只猴子都只能自己想办法获取水和食物，除此之外别无选择。与此相反，人类却可以通过语言沟通，"你们5个人去搞定足够10个人喝的水，我们剩下的5个人去找够10个人吃的食物"，来实现任务的分配。

不仅如此，人们还可以通过语言来传承过去经验中得出的智慧，例如将"刀具的使用方法""芋头的培植方法""服装的制作方法"等教给自己的孩子，从而使下一代人能够更高效地完成工作任务。

如上所述，人类通过语言创造出了其他动物无法比拟的复杂社会。

人类就这样不断地进行任务分派，不断提高生产效率，社会也因此得到了稳步的发展。

然而，人类却遇到了一个大问题。

那就是，**究竟应该由谁来决定如何恰当地分配任务，并在此基础上进行恰当的产出分配？**

蚂蚁是不需要烦恼"谁来当工蚁"和"怎样分花蜜"的，因为和任务分派相关的信息早已预先编入了它们的遗传基因中。但是，人类必须通过协商的方式来决定"谁来负责什么工作""获得的产品该如何分配"。假设任务中包含了轻松的工作、艰辛的工作、安全的工作、危险的工作，那这些工作究竟应该分别安排给谁呢？

假设收获的芋头要由负责种芋头的人、负责浇水的人、负责看守菜园的人、负责缝衣服的人、负责生火的人、负责修房子的人、负责打鱼的人和负责照看孩子的人一起分享，那么究竟该如何分配呢？这种情况下想让所有人进行协商是十分困难的。

如果负责种芋头的人说"芋头是我们种的，所以我们要比大家多吃一倍"，那绝对会受到其他人的敌视。或者，其他人会反对说："那我也想去种芋头！"

但反过来，要是有人说"芋头平均分配吧"，那也会有人跳出来反对。"我捕到的鱼明明比任何人都要多，却只能得到跟别人一样数量的芋头，这也太奇怪了。"甚至还会有人提出"对集体贡献的时间差"之类的问题，例如"我们应该给冬天负责捕鱼的人分多少秋天收获的土豆呢？"，并且每个人都是公说公有理，婆说婆有理。

如此复杂的问题，该如何解决呢？**最简单的方法就是由首领独自裁决，再者就是由负责各项工作的领导协商决定。**

即便到了今天，以村为单位生活着的土著人仍然采用这种方式做决定。

不过，这种决定方式能够发挥效用的前提，是群体里的所有人彼此熟悉，即群体成员的数量处于一定的范围内。当成员数量超出一定的水平，变成一个大型社会，那么光靠协商就无法解决问题了。

我的家乡有近 30 万的人口，靠市长的独自裁决或村民协商来决定任务分配和产出分配是不可能的，若想强行这样做，很可能会引发暴力冲突。

于是，人们开始思考，并由此发明了"货币"和"国家"。

"到了冬天我会给你鱼的，现在你就分点儿大米给我吧。""鱼就算了，我不需要，你还是夏天来帮我做做农活吧。""那我得给你做几天农活，你才能分我 40 斤大米啊？"像这样进行协商，需要耗费大量时间，而且即便最后商量出了一个结论，但时间一久，也会产生诸如"那时候我肯定给了你 5 条鱼""你不是答应过我夏天来帮忙做农活的吗"等不确定说过还是没说过的问题。二人协商尚且如此，更别提住在一个城市里的 1 万人、10 万人，甚至100 万人了。让所有人都记得所有的约定并且履行约定，这是无法办到的。

然而，当人们有了货币和国家，上述情况就能够顺利解决了。

人类发明的便利元素——货币

货币可扮演表现、保存并传播价值的角色（通常我们说货币的三大基本职能分别是：①价值尺度；②交易媒介；③贮藏手段）。

原来只能说"我最近这些天捕不到鱼，你现在能不能先分我一点大米？等我捕到鱼之后就用鱼返还给你"的渔夫，开始使用货币之后，就可以产生"我是用存款买点米呢？还是帮忙干农活赚钱买米呢？还是借点钱来买米呢"等其他不同的想法。干的活越多，赚到的钱就越多。因为这笔钱可以在任何需要使用的时候支付使用，所以就不再需要对收获的物品应如何分配进行商讨了。**货币就是人类为进行恰当的分配而产生的。**

不仅如此，货币的概念诞生后，任务分配也（在某种程度上）自动得到了解决。

那些谁都不愿意从事的工作（辛苦、脏乱、危险的工作等），工资会不断上涨，直到有人愿意去做。

例如，据说从事金枪鱼的捕捞工作时，一旦出海，一年内都不能回到陆地上，而且工作本身也充满了艰辛和危险。但是，若没有人从事这项工作，没有人去捕捞金枪鱼，金枪鱼的价格就会不断攀升。久而久之就会出现为了赚钱而主动承包这项工作的人。

正如前文所述，拥有货币就是如此便利。然而，金钱货币并非自然界中的原有之物，而是人类创造出来的，因此也存在许多缺陷。

如果放任不管，那么金钱财富就会过度地集中到一部分人手里。

此外，若只关注钱，诸如"建造堤坝""清扫道路""帮助受灾民众"等无法转化为钱，但又能惠及所有人的工作就没有人愿意做了。而与之相反，那些对人类贡献较小，但却能一个劲儿地赚钱的劣性工作可能会受到追捧。

人类发明的便利系统——国家

为我们解决上述问题的就是国家。

国家的作用是：为社会制定规则，以便使恰当的任务分配和恰当的产出分配得以顺利开展。

在人类漫长的历史中，为了实现恰当的任务分配和恰当的产出分配，人们曾引入过各种形式的国家系统。例如，由高贵的国王独自决定所有国家大事的君主制。

然而，像君主制那样的国家系统，若碰上无能的国王，这个系统就会崩溃。比如，要是国王说出"我不喜欢吃鱼，所以渔夫每次去捕鱼，我都要处以严厉罚款"之类的话，那么渔夫这个职业就会慢慢消失。

为了防止这样的事态发生，我们把规则视为最伟大的存在，让人在规则的指导下来管理国家。

实际推动国家运转的公务员

实际推动国家这一系统运转的人，被称为"公务员"。

公务员一般从事管理国家系统的工作，包括警察、教师和市政厅职员等。**除此之外，具有高度公共性质的、交由国家管理为好的工作，以及虽然赚不了钱但极其重要的工作等，也会分配给公务员去做。**与公共道路及下水道等相关的工作以及与防灾相关的工作都属于此类。

例如，海啸可能每 100 年才发生一次，因此，为大家建造防波堤的工作很难赚到钱，自由市场上不会出现想要从事这项工作的人。

然而，守护国民的生命安全是一件极其重要的工作，所以国家便出面承担起这项任务。

另外，在现实的日本中，还有很多虽然没有公务员头衔，但和公务员职能大致相当的"准公务员"①。（因优先考虑易于读者理解，所以在 100 个岛民的小岛上，这两类人统称为"公务员"）

例如，日本银行的职员不是公务员，但据法律规定，将其视为依照法律法规从事公务的人员。（《日本银行法》第 30 条）

从事基础研究（为促进日本科学技术的未来发展，但不能马上赢利的研究）的理化学研究所职员，或者国立大学的教授等，都属于准公务员。

为什么国家要为这些"不知能否马上赢利的研究"的职业提供支持呢？**因为要确保这些"虽然不能马上赢利，但仍然对各种新事物开展着研究的人们"留在自己的国家，这样改善人民生活的新技术在本国发明出来的概率就会更高，这对整个国家来说是利好之事。**

日本由于资源短缺，一直是一个依靠科技力量享受丰富产出

---

① 日文直译为"视为公务员"。指不属于《国家公务员法》和《地方公务员法》中规定的公务员，但又从事公务相关的工作，被视为公务员，且部分适用于《刑法》规定的公务员相关法规的职员。——译者注

的国家。因此，科技能否持续发展，对于日本来说是一个攸关生死的问题。

顺便提一下，我在撰写本书期间正好是东京大学的博士研究员。和其他发达国家的制度相比，日本研究者的待遇实在是太差了，我一直都在期望这种状况能够有所改善。

如上所述，人们通过引入"国家"这个系统，以及"货币"这一元素，实现了任务分配和产品分配的高效化，使上万人能够合力完成一件事情。

人类作为个体或许很弱小，但数以亿万计的个体，在以语言为媒介传承着生存经验的同时，作为一个巨大的群体有效地生存了下来。国家和货币，是人类变得更加强大的伟大发明。

不过话说回来，虽然我在前文中说到"引入了货币这一元素"，但它究竟是如何引入的呢？

例如，我可以自己制作一张新日元的纸片，并把它送给你。

但是，你不会从这张仅仅写有新日元几个字的纸片上感受到价值。

然而，在现实中的日本，大家都能感受到那张叫作一万日元纸币的纸片是有价值的。

究竟怎样才能让大家认识到这张纸片是有价值的，并且在整个国家流通使用呢？

我们将在下一章中继续进行解释说明。

第二章

国家与货币

货币拥有价值的方式

所谓货币，是一种具有下述功能的物品：

● 能够体现产品和服务的价值

● 能够随时携带，用于产品和服务的交换

● 能够保存产品和服务的价值

因此，某个物品想要扮演"货币"这一角色，必须满足以下3个条件。

（1）大家都能从它身上感受到价值。

（例如，谁都无法从垃圾上感受到价值，因此垃圾无法充当货币）

（2）它所代表的价值不会马上消失。

（例如，肉和鱼会腐烂，因此无法充当货币）

（3）能够分解成小份。

（例如，巨型机器人不能分解到可以和芋头交换的程度，所以无法充当货币）

那么，什么样的物品才能成为货币呢？

黄金就很容易成为货币。因为黄金这种金属，大家觉得它闪闪发光，十分美丽，还可以把它做成装饰品，或用作工业制品的原材料，因此，它拥有一种力量，让岛民们产生"想要拥有"的念头。

因此，如果用黄金与别人做交换，那么根据你给出的黄金的量，对方应该极有可能把苹果或者智能手机给你。不仅是黄金，在盐、布，以及其他物品上，**大家都能感受到这些东西自身的价值，只要这种物品容易分解携带，并且易于保存，就能作为货币来使用。**

像上述这类大家能从物品上感受到价值的"货币"，一旦发生战争，它们的价值有时就会高于政府发行的纸币。

◎ 如上所述，将原本就具有商品价值的物品进行转用而产生的货币，被称为"商品货币"。

◎ 盐是人类生活的必需品并且便于携带，又能够保存，因此可以作为商品货币使用。据说，罗马帝国时期就曾将盐作为工资报酬发放给民众。

但是，黄金、盐以及布匹之类的商品货币，即便其自身拥有价值，但实际使用起来还是有诸多不便。因为如果我们每次去买苹果或者智能手机时，都要携带大量的盐，或者需要把黄金一一称重、计算数量，那就太麻烦了。

于是，管理 100 个岛民的小岛政府就制造出了一种叫作"日元"的纸质货币。纸币既易于保存又方便携带。政府只需在纸片上写上"日元"并盖上印章，证明它是真品即可。然后，就可以将这些日元分发给岛民们。

这时，有一个岛民提出了反对意见："区区一张纸能有什么价值？我才不要拿我种的芋头跟你做交换。"确实，在这个阶段，日元还仅仅只是一张纸片。既然它不是能够与某种物品进行交换的兑换券，自然就不会有人从日元纸币上感受到价值。那么，怎样才能让大家从这个叫作"日元"的纸币上感受到价值呢？

为此，政府发布了这样一条规则：

"每年不向政府缴纳 1 万日元税金者，公务员有权将其逮捕，剥夺其财产，并将其投狱。"

这么一来，将会有怎样的事情发生呢？

因为不想被逮捕，所以岛民们必须每年支付 1 万日元税金，于是便自然而然地认为必须获得日元，这也意味着他们开始认为"日元是一种有价值的东西"。**让"税"在这座岛上诞生，使岛民们开始想要日元。**

当然，即便这个时候，岛民们也并不相信"这个叫作日元的纸片本身拥有价值"，而是想着"政府有能力逮捕岛民""政府未来也会继续存在下去，不会消失"，他们相信的是"政府权力或武力的强大"。

◎ 如上所述，国家通过税金的方式赋予货币价值的观点，被称为"租税货币论"，或者"国家信用货币论"。

◎ 以日本为例，警察及自卫队等可依法行使武力。之所以能够强行逮捕罪犯及逃税者等，也是因为国家拥有"逮捕之力（武力）"。

通过征收税金，货币开始拥有价值（租税货币论）

纸片作为货币开始拥有价值

关于纸片拥有价值，除了上述事例还可以举如下例子。

有一次，一头北极熊渔夫对一只熊猫农民恳求道："你现在能不能给我一个苹果？等我下次钓到鱼，我给你两条。"熊猫答应说："好的哦！"然后给了北极熊一个苹果。这么一来，就相当于熊猫向北极熊贷出了两条鱼分量的贷款。

事情到这里还没有结束。

北极熊为防止自己今后忘记这个承诺，便在纸上写下以下信息。

"承诺：等我家里有鱼时，你把这张借条带到这儿，我会给你两条鱼"，并把这张纸交给了熊猫。

在这之后，熊猫农民突然想吃鸭肉了。于是，它就去大灰狼猎人那里恳求道："你能不能给我点鸭肉？"大灰狼回答道："如果你给我点鱼，我就给你这块鸭肉。"

但是，熊猫没有鱼，所以他提出了一个替代方案："要不用这个兑换券和你交换？你把这张兑换券拿去给北极熊，就能得到两条鱼了。"

大灰狼猎人很信任北极熊渔夫，便回答道："原来如此！就是说这张兑换券拥有和两条鱼一样的价值对吧？"然后同意用鸭肉和兑换券交换了。

大灰狼原本是想吃鱼的，但又突然改变了主意，想要一件 T 恤。于是，它去开服装店的绵羊那里，像熊猫和它交涉的那样和绵羊协商起来，最终也用兑换券成功地从绵羊那儿换来了 T 恤。再接着，绵羊又用兑换券从开咖啡馆的兔子那换来了一块蛋糕……

在从北极熊那里换取两条鱼之前一直持续……

如上所述，北极熊写的兑换券，在有人拿着它去北极熊家里**真正跟它换两条鱼之前，一直都可以作为拥有两条鱼价值的货币来使用。**

北极熊的兑换券之所以具备作为货币来使用的功能，是因为熊猫、大灰狼、绵羊和兔子都坚信"北极熊是守信的，因此只要把这张兑换券拿给它，它就一定会给我两条鱼"。

如同上述兑换券这一类型的货币，被称为"信用货币"，或被称为"债券"。

北极熊的兑换券，本意是"北极熊从熊猫（兑换券的主人）那里借了两条鱼的券"，但如果换一种说法，也可以指**兑换券等于"递给北极熊时，可以交换到两条鱼的券"。**

这和孩子送给父母的捶肩票是一样的道理，可以反过来思考，**捶肩票等于"给孩子后，可以换取捶肩膀这项服务的票"。**

如果把这种思考方式原模原样地套到 100 个岛民的小岛上，那么我们也可以这样看待"日元"：岛上规定每年必须向政府缴纳 1 万日元的税，否则将会被逮捕，因此，**日元等于"（把它当作税金）交给政府换取自由（不被逮捕）的券"。**

换句话说，通过税金的方式拥有价值的日元、捶肩券，以及北极熊的兑换券，全都属于同一类型的货币（信用货币）。

货币的增加方式（以政府发行为例）

那么，作为岛内流通货币的日元是怎样增加的呢？当然，主要是靠政府印发，即在纸片上印刷上"日元"二字。政府每年都会发行新的日元，这些日元将被作为"海岛运营费"来使用，并因此在岛民内部流通起来。

所谓"海岛运营费"，包括支付给公务员的工资，发放给无法工作的岛民的生活费，修建道路、学校、防波堤设施等的建筑费。那么，这些运营费用是从哪里产生的呢？政府是不是像城镇里的居民协会那样，把从 100 个岛民处收取的税金，作为小岛的运营费使用的呢？

实际上，这两者有些许区别。

因为若是使用从岛民处收取的日元（税）来推动岛内运营，那么在政府成立之初是无法立即收取到日元的。

在国家最初成立的那年，即便向岛民宣布"接下来的每一年，各位必须向政府上缴 1 万日元作为税金，否则将被逮捕。好了，现在请大家马上缴纳 1 万日元吧"，也没有人能够支付得出 1 万日元，因为这时政府还没有向岛民分发日元。

没错，如果我们不回溯至"首先由政府制造、印发日元，并将其分发给岛民"的阶段，那么岛上根本没有为了纳税而存在的日元。因此，政府并非从岛民处收取税金（日元）后，再使用这笔钱运营岛内事宜的。实际上，政府首先通过"我们每个月会给公务员发放 20 万日元的工资""我们会给因病而无法工作的岛民每个月发放 20 万日元的补贴""我们会给在这里修建学校和防波堤的岛民发放 200 万日元的报酬"等方式使日元流通起来。

- 印发日元，并首先由国家来分发日元
- 将分发出去的日元中的一部分以税的方式回收

经过上述操作后，为岛民生活带来便利的日元才终于被广泛地应用到了岛民的生活中。

◎ 在现实中的日本，政府和负责货币发行的部门（日本银行）是分开的，并且还有国债，因此结构更复杂一些（这点将在第 2 章第 4 小节进行补充说明），但基本上与小岛情况大致相同。

话说回来，国家收取税金并不是为了运营小岛。那么，税收究竟有什么作用呢？税收主要有以下三大功能。

第一个功能，是使流通货币具有货币的价值，这点前文已经反复提及。

当国家向岛民通知："请缴纳日元作为税金，若不主动缴纳，国家会上门收税，且有权视情况对拒缴者进行逮捕。"听到这则通知的岛民们自然就会渴望拥有日元。在这里，日元拥有了"作为税金缴纳给政府后，可免于遭到逮捕的券"的价值。

第二个功能，是从财富倾斜之处回收日元，使社会实现

平衡。

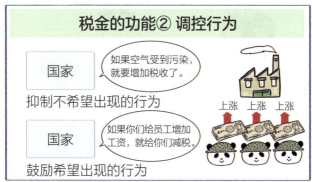

若货币的平衡被打乱，导致贫困人员出现濒临饿死的情况，那么国家将会对收入过高的职业实施高税收政策，以此来回收日元，而对于处于饥饿状态的岛民，则尽量减少税收。

第三个功能，则是抑制不希望出现的行为，对岛民的行为做适当引导。

例如，对二氧化碳排放、吸烟等破坏环境以及有害健康的行为征收较高的税金，而对教育、社会发展、环境保护以及有益健康的行为征收较少的税金。如上所述，通过对税金的调整，既对国家创造出的日元赋予了价值，又缩小了岛民之间的经济差距，还可以引导民众，增加其良性行为，减少不良行为。

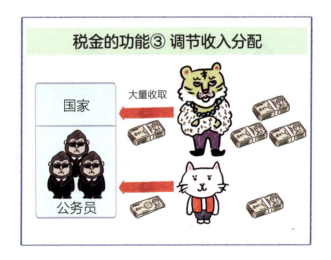

不同时期的税

　　上文介绍的"税金"，是指"使用国家发行的流通货币征税"的近代式税收，但古代的税收与此略有区别，在此进行补充说明。

◎ 接下来所讲的内容并非依据正史，只是为了方便各位读者理解税收的结构而举的例子。

　　过去的税和现在的税略有区别，过去是强制性地收取大米、布匹、银等物品。换句话说，政府征税是直接收取"商品货币"。

　　有时，国家还会以征收劳动力的方式收取税金，如发布命令要求修建堤坝等。国家之所以可以这么做，是因为政府拥有强制收取物品，强制人民劳动的权力。

　　为了便于理解，本书就先将这种力量称为"逮捕权力"。

　　过去的政府会说："将大米上缴，不然就把你抓起来！"政府征收大米作为税金，并将收取到的大米当作货币（商品货币）支付给公务员作为工资，或者作为雇工时支付给工人的报酬。

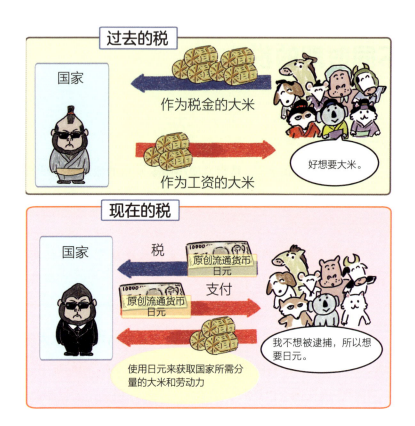

过去的税

国家

作为税金的大米

作为工资的大米

好想要大米。

现在的税

国家

税

原创流通货币
日元

支付

原创流通货币
日元

使用日元来获取国家所需分
量的大米和劳动力

我不想被逮捕，所以想
要日元。

有一天，政府意识到："既然政府拥有那么大的权力，那是不是可以利用这些权力制造一种原创性的流通货币呢？"于是，日元便发行了。

接着，政府宣布："各岛民需以日元作为税金上缴国家，拒缴者会被逮捕。"现在的税便出现了。

"过去的税"是指直接征收大量的大米（商品）作为税金，并用它来支付公务员的工资，因此管理难度较大。而且更为重要的是，政府能够使用的货币额度，受到从民众那里收取来的大米数量的限制。这不可避免地会出现政府预算有限性的问题。

但若是"现在的税"，就只需收集日元纸片，因此十分简便。

工资通过发行日元来支付即可，大米也可以通过使用日元购买所需的分量即可。

基于政府的"逮捕权力"所产生的日元，既可以自由发行，也不会出现日元数量不足，支付不出来的情况。

◎ 奈良时代的租庸调制是"过去的税"的例子之一。"租"是将收获的水稻按一定比例缴纳。"庸"是指前往京城服劳役（若距离较远，也可以通过缴纳布匹、大米或盐等来代替劳役）。"调"是缴纳布匹或绢丝。

◎ 逮捕权力＝武力。近代国家是在"垄断武力"的基础上成立的。

实际上，在"现在的税"出现到纸币日元产生之前，在这座岛上已经试行过多种类型的原创货币了。

首先被用作货币的是金币日元。金币日元是一种由黄金制成的货币，因政府规定"不缴纳金币日元（金币）作为税金者将受到逮捕"，因此金币日元就被赋予了价值。

但是，由于金币日元兼具"作为黄金的商品货币价值"以及"作为税金向国家缴纳后，可免于逮捕的信用货币价值"两种价值，因此使用起来较为复杂。**但比这更重要的是，金币日元本身存在一个制约性的问题，那就是最多只能发行"国内存在的黄金"**

那么多的量，因此最终被放弃使用。

接下来被使用的是压延金属日元。

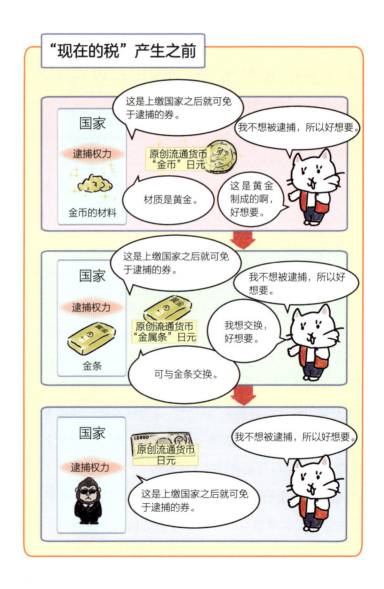

压延金属日元是一种纸质的流通货币，它具有两个方面的价值：一是"作为税金缴纳给国家，可免于逮捕（信用货币价值）"，二是"随时可以向国家申请将其兑换成金条（信用货币价值）"。这与一张兑换券既可以成为"捶肩券"，也可以成为"一碗免费的拉面券"的情况相同。

不过，即便它没有兼具两种功能，也不会有什么问题。当然，由于受到"国家持有的黄金量"的影响，最终，**"可与金条交换"的要素从压延金属日元身上消失，演变成了今天的日元。**

◎ 所谓"可与金条交换"的效果消失，在现实中被称为"暂停黄金兑换（尼克松冲击）"。

◎ 像 100 日元硬币之类的硬币本身具有价值，因为它们是金属制的。1 万日元纸币严格来说也拥有其作为纸张的价值。但是，现代日本有着"损坏纸币、熔化硬币等行为将被拘捕"的规定，因此，硬币及纸币已不再包含作为商品货币的价值。

◎ 顺便说一下，1 万日元纸币的原价为 20 日元左右，1 日元硬币是由 1 克铝制成的，1 克铝金属的交易价格为 0.2 ~ 0.4 日元（2021 年）。

货币的增加方式（以国债为例）

在宇宙遥远的一颗星球上，有一座和 100 个岛民的小岛一模一样的岛屿。这座小岛的名字叫作霓虹岛 ①。

霓虹岛上同样引入了日元，并且已经得到流通。

不过，从某一天开始，霓虹岛上原本隶属于政府内部的"日元发行部门"独立出来，变成了政府和日元印钞部门两个部分，并且双方各用一栋办公大楼。这是它和 100 个岛民的小岛唯一不同的地方。也许你会纳闷，为什么要分开呢？在这里，请大家先考虑下述问题：不妥善管理日元印钞部门，也许会发生中饱私囊的情况。为了进行更为妥善的管理，才让日元印钞部门分离出去。

总之，它被分成了两个部分。

并且，在霓虹岛上，能够发行日元的只有日元印钞部门。但是，即便是日元印钞部门，也不能以对抗政府的形式随心所欲地发行日元。根据大家决定的"岛民规则"，政府相当于母公司，日元印钞部门为子公司。

◎ 现实中日本的中央银行也具有独立性，与霓虹岛的组织结

---

① 作者此处指代的实际为"日本岛"。

构相同。

◎ 请大致理解为"政府 = 日本政府""日元印钞部门 = 日本银行 + 国立印刷局及造币局"。

◎ 日本银行实质上就等于政府的子公司（根据《日本银行法》规定，日本银行的 55% 的股份为日本政府持有）。

那么，在政府和日元印钞部门相互独立的霓虹岛上，具体怎样发行日元呢?

一方面，政府要求岛民以 100 万日元的价格购买"将来可以兑换 105 万日元的券（国债）"。接着，从岛民处收取的 100 万日元，用于支付公务员的工资，支付修建水坝或公园等的建筑费，以及支付养老金、医疗费、育儿补助费等其他各项费用。

另一方面，过了一段时间后，日元印钞部门又发行了近 100 万日元的钞票，并用这笔钱从岛民处买入此前可以兑换 105 万日元的券（国债）。这样一来，新的一批日元就得到发行了。

最终结果会变成什么样呢?

日元印钞部门发行 100 万日元，从政府处购买了可以兑换 105 万日元的券（国债），相当于**"政府向日元印钞部门借了 105 万日元的款"**。

但是，日元印钞部门**想发行多少日元就能发行多少，所以并不会特意记着"政府一定要把 105 万日元还给我"**。政府 100 年后再把这笔借款还回来也行，就算不还回来也没关系。

换句话说，将来可以兑换 105 万日元的券（国债）表面上是政府的借款或国家赤字，但同时也可以说，只要这张券握在日元印钞部门手中，政府就不需要还款。

之所以可以这么认为，**是因为政府和日元印钞部门实际上就是国家的一体两面。**因此，经过上述操作后，实际上就相当于霓虹岛上的日元数量增加了。

◎ 下一页为简化版的图示。但在实际生活中，还包括国债的回购，以及中央银行为了债券回购交易而预先准备的储备金等，情况将更为复杂一些。

◎ 据 2017 年数据显示，日本银行持有约 500 万亿日元的国债。换句话说，相当于到目前为止"有 500 万亿日元的货币通过货币发行的方式流向了社会"。

◎ 日本国债有 3 年期、5 年期等的偿还期限，但每当临近期限时，日本银行就会执行新债替换旧债的"化债"程序，继续延长国债期限。因此，日本银行持有的国债，实质上并不存在偿还期限。有人认为，"与其经历如此复杂的程序，日本银行不如一开始就把钱直接交给政府，这样不是更好吗？"实际上，确实有部分经济学家主张"没有必要发行国债，只需发行货币即可"。不过，在名义上，还是执行税收不足的部分通过发行国债进行补充的操作。

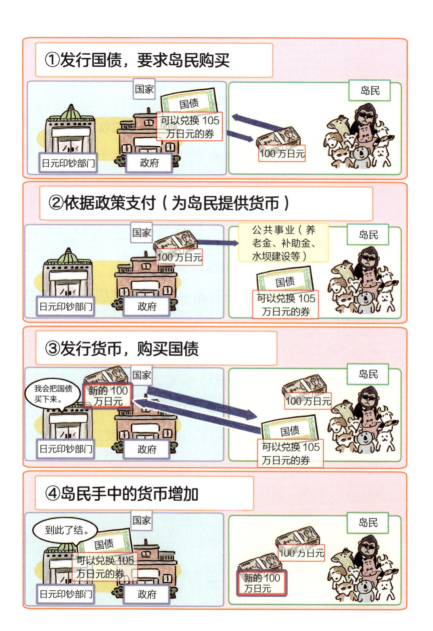

某年，政府为了更好地营运霓虹岛，决定支付 250 万日元。为此，政府发行了价值 100 万日元的国债，并以征税的方式从岛民处回收了 150 万日元。

- **政府支出 = 运营岛屿支付的 250 日元**
- **政府收入 =100 万日元国债 +150 万日元税收**

政府方面通过建设公共事业等，将 250 万日元转移到岛民一方。

经过一段时间后，日元印钞部门发行 100 万日元，并以此从岛民处买下国债。

最终，岛民一方的钱包就变成：

- **岛民支出 = 纳税 150 万日元 + 向政府购买国债 100 万日元 =250 万日元**
- **岛民收入 = 从政府处获得的 250 万日元 + 通过向日元印钞部门出售国债获得的 100 万日元 =350 万日元**

岛民一方持有的货币因此增加了 100 万日元。

结果，相当于国家（政府 + 日元印钞部门）发行了 100 万日元，并分发给了岛民一方。

即便有了国债，到头来所做的事情也不会改变。国家只需发行日元，再分发给岛民便可。

霓虹岛的故事到此结束。

让我们重新回到 100 个岛民的小岛上吧。

个人财产的拥有

货币也并非一直都能发挥功能。

只有当国家存在时，人们才能够使用货币购买商品。

在 100 个岛民的小岛上，住着一只拥有很多钱、宝石和房屋的老虎。

富有的老虎到处逞威风："最有钱的我，自然是这个岛上最强大、最厉害的。"

猫群对这只老虎说："不，你可不是这个岛上最厉害的。"

"那你们倒是说说，谁才是最厉害的？"老虎问。

"最强大、最厉害的是国家。你能够拥有财产，全都是因为国家出台了规定，允许你这样做哪。"猫群答道。

老虎笑了。

"即便这个国家没了，我也会好好的，我可拥有 100 颗宝石和 1 亿日元啊。"

然而，有一天，小岛上爆发了一场革命，这个国家真的灭亡了。

猫群对老虎家发起袭击，把它的宝石全部抢走了。

老虎急得大吼："那栋房子和那些宝石都是我的东西！你们看这个权证！把公务员叫来！我要开庭上诉！"

猫群回答道："国家没了，规则也就没了。公务员早已经不在了，你那张权证不过是一张纸片罢了。"

"开什么玩笑！喂，保镖，我出 100 万日元，你去帮我把房子和宝石夺回来！"

保镖答道："国家没了，税也就没有了。日元什么的，已经是什么价值都没有的纸片了。话说回来，我打架那么厉害，我也应该去抢那些宝石才划算吧！快把宝石交出来！"

由此，老虎失去了一切。

如上所述，所谓富有的人，不过是被国家允许成为有钱人的人罢了。

因为国家制定规则对财产给予保障，所以个人才得以拥有财产。

如果老虎是一个天才建筑师，或者是广受员工爱戴的杰出董事长，那么即便国家灭亡了，它应该也能在新的国家迅速富裕起来。**这是因为老虎个人的能力及人际关系等，并不会随着国家的灭亡而消失。**

但反过来，如果老虎原本就是一个无能之辈，那它就无法在新的国家再次富裕起来了。

◎ 诸如法国大革命、日本战后的土地改革及解散财阀等，都是"随着规则和国家的改变，有钱人变得不再富有"的实例。

◎ 假设你面前放着一颗属于你的钻石，但实际上那颗钻石和你之间既不存在科学的联系，又没有上帝的神秘力量（在那颗钻石上刻上你的名字）。

◎ 国家的"垄断武力"带来了社会秩序，也因此有了"宝石是我的私有物"的秩序。一旦国家消失，就会回到弱肉强食的暴力世界。所谓"所有"，不过是由人类社会创造并认可的规则而已。

货币的增加方式（以民营银行的信用创造为例）

随着越来越多的日元出现在 100 个岛民的小岛上，每一个岛民都拥有了大量的日元。这时，一个新的问题出现了。大家开始担心起来："如果把日元全放在家里，那可能会被偷走。""如果把日元弄丢了那可就麻烦了。"

于是，一个岛民出来对大家说："要不我帮大家保管日元吧？"

他就是银行家斑马。

斑马获得了政府的许可，开始开设银行。**斑马拥有保密性极佳的保险柜，每当其他岛民来存钱时，它都会一一做好记录。"从 ×× 先生／女士处收到 ×× 日元"。然后再把钱放入保险柜严密保存。**

斑马决定将这些记录叫作"存折"。收到存折的岛民们因为把日元托付保存了出去，暂时也就放心了。

有利的事情还不仅如此。此前，进行大宗购买时必须携带大量实物钞票进行交割，除此之外别无他法。但是，自从有了银行，只需要使用自己的存折和对方的存折，就可以轻松实现日元的互换。

例如，当长颈鹿需要向大象支付 100 万日元时，长颈鹿只需拜托斑马"帮我向大象支付 100 万日元"，斑马就会用双划线把长颈鹿存折上的 100 万元数字划掉，然后往大象的存折加上 100 万日元，就这么简单。这项操作称为"转账"。

就像这样，银行家斑马只需使用一支笔，就能轻松地实现资金的交付，不再需要实际携带大量的日元了。

当岛民们习惯这样的交付方式后，接下来神奇的事情又发生了。

假设 100 个岛民分别在银行里存了 1 万日元，那么银行保险柜里的总金额就是 100 万日元。

有一天，商人长颈鹿去斑马银行拜托道："我想到了一桩好生意，请借给我 200 万日元吧。"

斑马银行承诺道："没问题。"于是制作了一张"向长颈鹿贷出 200 万日元"的贷款合同，并在长颈鹿的存折上写上了"201 万日元"（包括原来寄存的 1 万日元）。

存折上写了 201 万日元的长颈鹿为了修建店铺，需要向大象支付 200 万日元。

这时，银行就把长颈鹿存折上的 201 万日元划掉，改写成 1 万日元，而大象的存折则改写成 201 万日元。

之后，大象用那 200 万日元买了各种各样的东西。

接下来会变成怎样呢？

那就是：岛民们手中多出了价值 200 万日元的货币。相当于银行从无到有地创造了 200 万日元。

也就是说，即便银行里没有现金，也可以通过在存折上写下"××日元"的数字，轻易地增加岛内流通货币的数量。

每当岛民们有什么"想做的事情"或"想要的东西"而向斑马的银行借钱时，银行就会在各个岛民的存折上记录下相应的数字，从而使整个岛上的日元总量增加。

但是，如果照这样持续下去，也会发生不好的事情。

如果银行随意贷出越来越多的日元，那么岛内日元的数量将会无限增加。

因此，银行的工作受到政府的严格限制。例如，政府通过严格的规则规定银行的工作"必须得到政府的许可""允许贷出的金额最高不超过××日元""只允许贷款给那些具有偿还能力的岛民"等。

与严格的规定相对应，政府也向银行承诺，"若岛民希望提取现金时，银行内没有足够的现金，那么银行方只需向日元印钞部门汇报，印钞部门就会帮助银行发行日元"。

以斑马的银行为例，如果现在全岛岛民突然都来提取现金，那就意味着斑马银行的保险柜里只有 100 万日元，却必须支付银行所有存折账户上总计的 300 万日元。**这个时候，政府就会来帮助斑马银行了。**

◎ 银行通过放贷来增加货币供应量的过程被称为"银行的信用创造"。

◎ 一方面，目前日本流通的现金（1 万日元纸币等）约为 100 万亿～200 万亿日元。另一方面，日本的存款余额（存折上的数字总和）超过 1000 万亿日元。

◎ 在日本，如果出现银行没有足够的现金来应对大额存款提取的情况，日本银行（日元印钞部门）就会驾驶运钞车赶去帮助那家银行。

◎ 因此，银行可以发放超出其金库中现金数量的贷款，但一般的放贷机构则不行。普通的金融机构贷款和银行贷款完全是两码事。

由上可知，整座岛上的货币（日元）是以两种方式增加的。**一种是国家发行日元，另一种则是岛民向银行借日元。**

与之相反，整座岛上的货币也是以两种方式减少的。**一种是国家以征税的方式收回日元，另一种是还贷，即岛民把借到的日元归还给银行。**

假设由政府发行并在岛上流通的日元总共有 100 万，岛民们向银行贷款的总数也是 100 万日元，那么，整座岛上的日元总计为 200 万。

这时，政府如果征收 50 万日元作为税金，那么由政府发行并在岛上流通的日元就将减少 50 万，**而整座岛上的日元也将从 200 万日元减少到 150 万日元。**与之相反，如果政府拨出 50 万日元用于公共事业，那么**整座岛上的日元将会从 200 万日元增加**

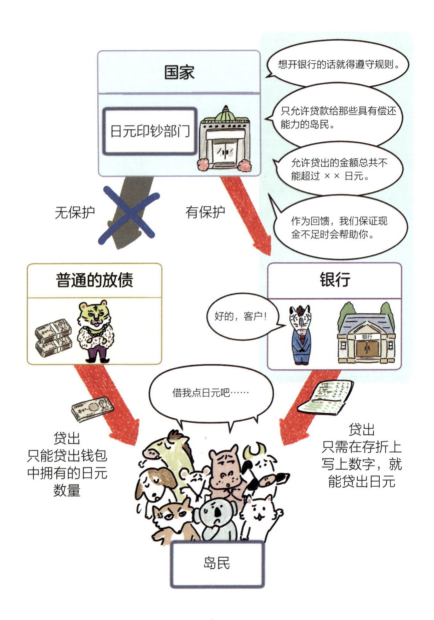

到 250 万日元。

又或者说，所有岛民把从银行借到的 100 万日元贷款全部还清，那么整座岛屿贷款合同上的总计就归零了，**整座岛上的日元也将从 200 万日元减少到 100 万日元。**

相反，如果所有岛民都在不断地向银行贷款，用于开创新的事业，使银行贷出日元总计从 100 万增加到了 1000 万，那就意味着**整座岛上流通的货币将从 200 万日元增加到 1100 万日元。**

格里西亚岛①的破产

　　就像日本一样，在政府和印钞部门有所区分的岛上，只要印钞部门处于国家内部，并且站在政府一边，那么政府就能够在自由发行钞票的同时妥善管理国家。

　　但是，如果货币的印钞部门在国外，那又会变成怎样的情况呢？

　　让我们来看看伊优群岛②的故事吧。

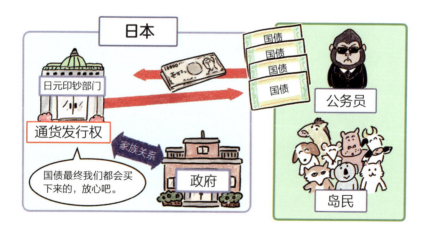

---

① 作者此处指代的实际为希腊。——编者注
② 作者此处指代的实际为欧盟。——编者注

伊优群岛是一个由诸多小岛聚集而成的群岛。在伊优群岛中，每一座岛屿上都有各自的政府和印钞部门（中央银行），并且各自发行着流通货币（马克、德拉克马、法郎等）。

有一次，伊优群岛展开了讨论。"我们大家关系都那么好了，要不我们使用相同的货币吧？"各个岛屿都表示赞成。于是，伊优群岛上诞生了新的流通货币"欧罗"[①]。

之后，他们特意找了一座无人岛，并在岛上修建了"欧罗印钞部门工厂（欧罗中央银行）"，开始了货币的发行工作。

格里西亚岛是伊优群岛中的一员。格里西亚岛政府将流通货币从以前的"德拉克马"换成了"欧罗"，并像以往一样管理国家。换句话说，政府在执行政策时，用税收以及一部分以 105 欧罗返还的债券（国债）来支付所需的费用。

不久后，麻烦的事情发生了。

以前，政府发行国债，承诺用 105 个"德拉克马"来偿还。最后，格里西亚岛上的德拉克马印钞部门印出钞票"德拉克马"，然后用这些钱从岛民手中买回国债。

然而，"欧罗印钞部门"并不会买下格里西亚岛民手中持有的国债。 "欧罗印钞部门"认为自己是所有岛屿的共同支持者，不能偏袒任何特定的岛屿。因此，就没有购买国债的印钞部门（中央银行）了。

在这种情况下，伊优群岛的各个岛政府都只能用税收征收到

———————

① 作者此处指代的实际为"欧元"。——译者注

的"欧罗"来运营国家了。

每一座岛屿都只能像普通的公司（私人企业）一样管理岛屿。

伊优群岛里的各岛政府进行了艰难的筹措后终于决定，将各岛内发行的国债（将来变为 105 欧罗返还的券）按照 105 欧罗返还。

能够自己印制流通货币（日元），这是日本与伊优群岛的不同之处。

在伊优群岛的各个岛政府中，运营管理最差的就是格里西亚岛。

格里西亚政府仅靠税收不足以维持生计，无法返还国债（将来变为 105 欧罗返还的券）。不仅如此，政府还试图对岛民们隐瞒此事，可事情最终败露，导致格里西亚政府进一步丧失了信誉。

"格里西亚岛的国债（将来变为 105 欧罗返还的券）最后不会变现成 105 欧罗返还给我们吧？""而且听说就算到了最紧急的关头，欧罗印钞部门也不会出来帮助我们的。"

岛民之间流言四起，最后，大家都不再愿意去购买新的格里西亚国债了。

最终，格里西亚政府发表了无法返还此前发行的国债（将来变为 105 欧罗返还的券）的宣言（财政破产）。

如上所述，当失去自己岛上的流通货币发行权时，就等同于变成了一家普通的公司（私人企业），必须努力健全自身的经营管理。若经营不顺，就会发生破产（财政破产）的情况。

为了避免走到这一步，格里西亚岛必须要么抛开欧罗，恢复

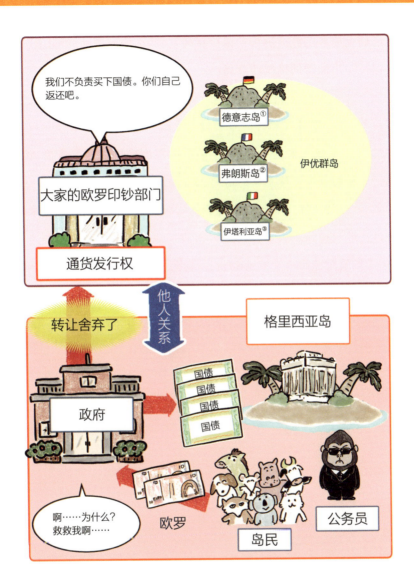

自己岛上原本的流通货币"德拉克马",要么请欧罗印钞部门(中央银行)出面帮助格里西亚岛。

◎ 这一事件被称为"希腊债务危机"。此类外币公债(以外国货币为本位而发行的国债)有可能导致财政破产。截至 2011 年,希腊的政府负债总额已达到 3730 亿欧元。

◎ 顺便一提,即使在希腊危机之后,欧元区各国的国债未偿额仍在继续增加。例如,截至 2021 年,法国政府的债务总额约为 2.8 万亿欧元,西班牙政府的债务总额约为 1.4 万亿欧元。这部分债务最终可以通过欧洲中央银行印钞购买,所以没有问题。若将整个欧元区作为一个整体来看待,那么它和日本政府及日本银行的结构是类似的。

理论解读

为何能够"个人所有"

假设你在山里发现了一颗闪闪发光的钻石。

这颗钻石是属于谁的呢？人们可能会有各种各样的观点："是山主的东西？""不，应该属于发现这颗钻石的人吧？""我们查一下法律是怎么规定的吧。""我们去问问政府吧。"其实，法律已经规定了那颗钻石的所有权。对物品所有权进行管理的是国家。

假设你穿越回 1 万年前，自己的钻石被别人拿走了，这时你能够做些什么呢？就算你宣称"这是我的东西"，要是对方也说"这是我的"，你应该也无能为力吧。想在这种情况下把钻石变回自己的，就只能通过暴力手段把它夺回来。或者，要是团体中最强的领头宣布"我决定执行下列规则：物品属于第一个找到它的人，不允许任何人破坏这条规则"的话，或许你还能拿回你的钻石。

如上所述，个人之所以能够"所有"，是因为有规则（秩序）规定。而规则之所以能够发挥作用，是因为存在暴力。说得更具体一点，**是因为这里最终存在着一种"不合理的暴力"，去作为"不允许任何人破坏这条规则"的惩罚规则。**

这套规则放到现代国家中仍然适用。正如社会学家马克斯·韦伯所阐述的："国家是对暴力的合法垄断。"现代国家正是通过"对暴力的垄断"来维持的。正因为拥有着警察、军队等的国家通过法律明确了"所有权的规则是如此规定的，若违反规则，将被逮捕"，人们才得以拥有财产，并过上秩序井然的生活。**换句话说，我们之所以富有或者贫穷，都是因为国家允许这样的状态存在。**

何为债务（负债）

货币大体上可以分为两种类型：商品货币和信用货币。

所谓商品货币，指的是盐、金属等，以某种形式存在并且让人感受到有价值的东西，并且还具有可携带、易保存的特点。而信用货币则是指能够发挥货币功能的"债券（债权）"。这究竟是什么意思呢？为了更好地理解信用货币，我先来解释一下债务的机制。

经济学中的债务（负债），指的是某种必须履行的义务，相当于英语的 debt。例如，当"北极熊有给某个动物一条鱼的义务"时，这种义务就被称为"债务"，而北极熊则会成为"债务人"。

此外，北极熊必须将鱼交给的对象则为"债权人"。债权人有权利要求债务人履行债务。债务和债权相互对应，其各自的所有者分别为债务人和债权人。

所谓债券，则是将债权书面化了的产物，也可以说是证明该券的持有者为债权人的证件。

若将上述内容做整理，也就相当于：

● 债务——债务人向债券持有者交付资产 X 的义务

● 债券——能够得到资产 X 的凭证。能够证明持有者为债权人的票据。当债权人收领资产 X 后债券便会失效

● 资产 X——可以是货币、物品，也可以是一种服务

为何资产 X 中还包括服务呢？

例如，一个拥有理发能力的人一生都持续做着美发师的工作，假设他现在还剩 10 000 次施展能力的次数，那就相当于这个美发师拥有"提供理发服务的能力 ×10 000"的无形资产（无实体非货币性的资产），即便我们用肉眼无法看见。因此，如果给某个人发了"1 次免费理发券（债券）"，就意味着美发师负有了债务，即要履行"收到免费券时提供理发服务的义务"。

任何人都能创建出债务和债权的组合。假设想要买房的长颈鹿向大象借了 1000 万日元，期限为 11 年，那么长颈鹿 11 年内需要连本带息向大象支付 1100 万日元。

这时，长颈鹿创造了下列组合：

● 债务——长颈鹿有义务在 11 年内向债券持有者支付 1100 万日元

● 债券——能够换取 1100 万日元的凭证，证明该券持有者为债权人的券。当领到 1100 万日元后自动失效

长颈鹿拜托道："请让我用这张债券换取 1000 万日元吧。"大象想："如果是长颈鹿的话，肯定会按约履行债务的吧！"它认可了那张债券，交易就此达成。

大象拿到债券，成为债权人。而债务人长颈鹿则用它收到的 1000 万日元从售房商那里买了房。这就是所谓的房贷。在实际生

活中，大象有可能是银行，有可能是个人信贷机构，或者证券公司等，但不论是哪一种，它们所做的事情都一样。

平时，当我们听到一个人背负债务时，往往会联想到房贷等"需要花上好几十年才能还清的辛苦负担"，但债务原本只是相对于债权产生的一项义务，并不一定都是辛苦的负担。

例如，美发师发放"1 次免费理发券"时，就会产生下列组合：

● 债务——美发师对债券持有者负有为其理一次发的义务
● 债券——能够获得一次理发服务的券。一次理发完成后自动失效

这么来看，债务并没有达到"辛苦负担"的程度。只要美发师没有生病或者受伤（即理发能力 = 资产 X），那么就几乎不用担心美发师不履行"1 次免费理发券"的债务。

此外，"1 次免费理发券"还能发挥货币的功能。所以，你去和朋友交涉："我能不能用这张'1 次免费理发券'和你的那本漫画交换？"这样的交易也是可以成立的。

如上所述，能够充当货币使用的债券被称为"信用货币"。只要债务人履行债务的能力得到承认，那么债券就可以持续拥有价值。

日元是"国家的债务"

虽然听起来有些耸人听闻，但国家就是在"垄断武力"。

如果国家需要使用这种垄断性的武力，那么它可以强制性地从国民手中回收食物、劳动力、物品等资源。战时的"金属回收令"就是一个很好的例子。如果拒绝回收，那将面临被暴力对待（逮捕）。在这种情况下，国民除了服从别无选择。

日本历史课上也讲过"租庸调""杂徭"，这些都是国家为了自身的经营管理，强制性地从国民那里回收大米、布料等物资，以及土木工程、兵役等劳动力。这和前文讲解的"美发师的无形资产"如出一辙，也可以解释为国家拥有"向国民行使武力（逮捕、没收财产等）的能力"这一无形资产。

因此，由这样的国家发行的日元便具有下述组合结构：

● **国家的债务——国家有义务给予支付日元作为税金的人以自由（不被逮捕）**

● **日元（债券）——能够获得自由（不被逮捕）的凭证。缴税完成，获取自由后自动失效**

因为有着这样的前提，所以当国家发行日元（债券）时，就相当于"国家的债务同时也在增加"。不过，虽说债务增加了，但也并非"辛苦的负担"。

国家之所以拥有"向国民行使武力（逮捕、没收财产等）的能力"，是因为它有能力履行"对支付日元作为税金的人赋予自由（不被逮捕）的义务"。如果一个国家出现无法履行债务的情况，那通常是因为发生革命等情况导致国家丧失了"武力垄断"的能力。

这和拥有"理发能力"的美发师有能力履行收到 1 次免费理发券后有义务提供理发服务大同小异。只有在因为受伤或生病导致理发能力丧失并停止工作时，这种义务才无法履行。

国家的灭亡有可能导致流通货币丧失价值，索马里就是一个典型的例子。索马里在 20 世纪 90 年代的内战一度使这个国家陷入无政府状态，而其流通货币"索马里先令"也因此几乎丧失了全部价值。进入 21 世纪头十年的后半期，索马里新政府诞生之后，索马里先令的价值才慢慢恢复。如上所述，一个国家流通货币的价值能否持续，取决于这个国家是否稳定。

拥有两种价值的信用货币

以前，"金本位制"在世界各国广受采用。所谓金本位制，是指有与国家储存和发行的流通货币等额的黄金，并且可以在任何时候将流通货币兑换成黄金的制度。

日本此前也长期采用金本位制，直到 1931 年才停止。当时的日元是一种信用货币（债券），情况较为复杂。它通过"可以纳税"和"可兑换黄金"两种途径（偿还方式），保证了纸币的价值。换句话说，日元对应着两种义务的债权的证明：一是"如果纳税就不逮捕的义务"，二是"在被要求兑换黄金时给出黄金的义务"。

这就和一张优惠券既可以作为"1 次免费理发券"使用，也可以作为"1 碗免费拉面券"使用是同样的道理。但是，即使流通货币只拥有一种使用途径，也足够有价值的了。因此，"可兑换黄金"这一要素最终也就慢慢消失了。

国家的赤字是民间的盈余

我们在新闻中经常看到"日本负债达到××万亿日元"。

这里所说的负债其实就是"债务"。从日本的财务状况（无论是单看日本政府，还是和日本银行合并计算）来看，债务已经非常庞大。

正如前文所解释的，日元一旦得到发行，日本的债务就会增加。日本银行的官网主页上也记载着"纸币……（略）……目前仍被记录为负债"。这意味着每当日本银行印制100张1万日元钞票，就会被自动地记录价值100万日元的债务。

简而言之，**此时国家的负债量仅仅代表了"流通货币的累计发行量"**。

换句话说，当"100万日元"被当作国家的债务记录下来时，意味着市面上诞生并供应了100万日元的现金，而某个人手中就有了这100万日元的现金。

所谓"国家的赤字（债务）"，其实是"民间的盈余"。以本国货币计价的债务，不论增加多少都不会出现"资不抵债"的问题，也不存在不可增发货币的情况。反倒是如果一个国家的债务不增加，民间的盈余也就无法增加。

或许是报道中经常提到"日本负债达到××万亿日元"激起了人们的危机感，因此不少人对"国家的赤字（债务）"存在误解，认为"它越增加情况就越严重"。但是，这种债务只是一种"对那些将日元作为税金缴纳的人赋予自由（不行使暴力）的义务"，因此，即使赤字增加也不会带来问题。

这就和美发师分发"1 万日元理发优惠券"后，将"收到优惠券后有义务提供理发服务——价值 1 万日元"作为其债务记录下来是一样的道理。

虽然债务确实是增加了，但只要这位美发师不出现无法理发的情况，就能够履行债务。

下图显示了以 2001 年的国家债务量为"1"，债务量是如何变化的。**事实证明，世界各国政府的债务量（流通货币发行量）都在增加。**

世界各国一般政府总债务变化趋势

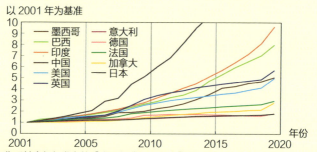

来源：国际货币基金组织发布的《世界经济展望报告》，2022 年 4 月，一般政府总债务。

中央银行的独立性

我们现在已经知道了流通货币的发行会带来债务的增加。那么，国债的发行又是怎样的呢？

在日本，政府和日本银行（中央银行）相互独立，采取了政府发行国债，日本银行根据需要，通过金融市场来购买国债的形式。

由于人们普遍认为，"中央银行应该在货币政策方面有自己的判断"，因此才形成了上述的形式。近年来，也出现了一些质疑的声音，认为"不让中央银行独立出去应该也没问题吧""政府和中央银行都是为了日本的利益，为什么不合并"。我们姑且不论这些观点的对错，但这里可以肯定的是，本质上日本银行就是政府的子公司，所以确实可以将两者整体视作"整合政府的一部分"。

根据"中央银行的独立性"这一规则，理论上日本银行行长可能会强硬地表示"我们今后绝对不再购买国债"，但这样做对任何人都没有好处，只会破坏货币体系，使日本陷入混乱。只要日本银行的行长不是故意想让日本灭亡，日本银行就一定会支持政府的资金调度。当然，这时候你可能会产生疑问："日本银行不能直接从政府那里购买国债吗？"这确实办不到，因为《财政法》第5条明文规定禁止上述操作。如果没有这个规定，那么确实可以让日本银行直接购买政府国债，但法律一旦制定下来，想要修改是极其困难的。因此，中央银行才采取了"通过金融市场间接地支持政府财政"的形式。也正因如此，日本银行持有的国债，政府也未必全额偿还。

尽管国家通过税收赋予了日元价值，但负责印制日元的日本银行也没有必要对日本政府说"请偿还这500万亿日元的国债"。

另外顺带说明一下，国债有偿还期限，每当期限临近时，日本银行就会执行"新债换旧债"的再融资操作，使偿还期限继续延长。

出于这个原因，也曾有人以 21 世纪头十年爆发的"希腊债务危机"（希腊发生债务违约）为例，对日本国债发行量的增加提出过质疑。然而，希腊债务危机爆发的原因在于希腊以加入欧元区为契机放弃了本国的流通货币发行权，而欧洲中央银行并没有积极购买希腊的欧元计价国债。结果，希腊不得不采取不合理的财政紧缩政策（政府尽量减少开支），最终导致债务违约。

国债究竟为何物

政府发行国债的时候，事实上就是政府发行流通货币的时候。

以 100 万日元出售的国债，简单地说就相当于一张"将来政府会给你 101 万日元的券"（设想它包含 1% 的利率，因此加上 1 万日元）。

如前文所阐释的那样，日本银行会支持政府，因此也无须担心自己国家的国债出现违约的情况。换句话说，国债可以说是"（只要国家还存在）政府将来绝对会给你 101 万日元的券"。

这里就引出了一个问题："（只要国家还存在）政府将来绝对会给你 101 万日元的券"和"100 万日元现金"究竟有什么区别？

这张券（不包括利率），实际上就是 100 万日元，不是吗？

当然，如果要具体分析的话，两者确实存在易使用性、易拆分性等方面的区别，但若深入其本质，我们就会得到"国债除去利率后几乎与现金相同"的答案。当政府发行 100 万日元国债，并将它发放给国民时，政府就从国民处收取了"100万日元现金"。但之后政府一旦执行修建道路、桥梁等政策，又会通过支付相关费用的方式将这笔钱返还给国民。

结果，如果从日本整体来看，就相当于国民的资产从"100万日元"变成了"100万日元 + 价值100万日元的国债"。

也就是说，国债的发行使国民的资产总量增加了100万日元。即便国民持有的国债之后被日本银行买下，那也只是相当于"基本价值100万日元的券（国债）"又被置换成了"100万日元现金"，并不会使国民的资产总量发生变化。

国债和日元之间最大的区别在于利率。当然，能够通过这种利率获益的也只有那些有余钱购买国债的富人阶层，因此，一些经济学家主张废除国债。他们认为，不应让日本银行通过发行货币来购买政府发行的国债，而应从一开始就让日本银行直接发行货币来支付政府所需的政策预算。不过，废除国债伴随着一定的风险。例如，一旦民营银行的国债利息收入减少，为了保证利润，民营银行有可能进行高风险投资，因此，也有观点认为"不需要完全废除国债，只需发行低利率的国债"。与此相关的讨论如今仍在持续。

国家并不以税收为财源

如前所述，在现行的税收制度下，税收并非日本政府的收入来源。在直接从国民那里征收金、银、米、劳动力等的时代，税收确实是国家的一种收入来源，但**现代的税收，主要是为了赋予流通货币价值，并推动国家希望发生的情况出现，抑制国家不希望发生的情况出现。**

在日本，国债的累计发行量已经超过 1000 万亿日元（其中约 500 万亿日元已由日本银行承兑），由此亦可看出，国家运营的主要资金来源是流通货币及国债的发行。

"国家以税收为财源来管理国家"的观点是一种普遍的误解。这几十年来，主流经济学一直采用的是"旧式税收"模式，而这一模式在大学等教育机构作为经济学基础被广泛教授，导致这种误解不断蔓延。然而，这并不适用于当下那些拥有本国流通货币的国家。

国家可以将增发的流通货币作为本国的运营费用。这不是本书作者的个人意见或观点，而单纯是一个事实。

因此，"公务员就是靠我们纳的税吃饭""应该给高额纳税人更多的优惠""年薪低的人纳税少，他们就是社会的负担"等观点都是不正确的。

年薪低的人如果全都放弃工作，那将导致日本的食物、产品和服务数量急剧减少，日本人的生活水平将出现极大幅度的下降，或许还会出现许多因食物短缺而导致饥荒的情况。

然而，即便日元在这一瞬间全部消失，日本国内汽车的数量、食物的数量、人口的多少、建筑物及大家拥有的生产技术等都不会发生改变。

大混乱可能是会发生，但如果立即发行诸如"新日元"之类的流通货币，国家重新启程，就不至于出现饥荒，因为物资是充足的，只不过是贫富差距重置了而已。日元说到底只是国家为了方便而赋予其价值的一张纸片而已，而之所以赋予其价值，也主要是为了让物品、服务的价值得以流通。因此，对于国家来说，不可或缺的并非日元这一张张的纸片，而是实际创造出每个人赖以生存的食物、产品和服务等的人民。若没有这样的人，人类将会灭绝。

民营银行的作用

国家除了通过发行流通货币来使日元增加，还有一种增加日元的方法，那就是民营银行的信用创造。当银行同意贷款给山田先生 100 万日元时，是经过"山田先生应该能够偿还其所借的额度"等判断后才同意贷款的。这时，银行需要做的只是在山田先生的存折上写上"100 万日元"的数字即可。不过，因为山田先生之后将会实际使用这 100 万日元，这意味着社会面的日元数量增加了。也就是说，**山田先生凭借自身的信誉（将来应该能偿还得起 100 万日元），通过借款让自己的银行存折从无到有地产生了 100 万日元的存款。**这就被称为民营银行的"信用创造"。

民营银行的信用创造会对日本国内流通货币的数量造成影响，这是一个非常重要的机制。

因此，政府才规定银行业需采取许可证制度，并通过法律严格限制贷款量。而"限制贷款量"的典型做法包括"存款准备金制度"（Reserve Requirement System）和"资本充足率"（Capital Adequacy Ratio）等。

当下，存款准备金制度并没有发挥太大的作用，贷款量几乎都受到资本充足率规定的限制。资本充足率规定了银行只能在"银行资本总额（并非客户存款的总额，而是银行自有的资产）"的一定比例内放贷。

有的人可能会想，"银行是利用金库中顾客存款放贷的，因此，银行能借出的最大额度，就是金库中的存款总数。"实际上并非如此。若没有规则规定，信用创造本身可以创造出任何想要的钱数，因为只需要在存折中输入数字即可。当然，如果不是接受国家管理的个人信贷机构等，其信用创造的金额可能会超过机构保险柜中的总额数，因此发生意外事件时确实会十分被动。然而，银行却不同。虽然银行的业务受到法律监管，但与此相对应的是，即便银行遇到大量储户前来提取现金，导致金库内现金不足（挤兑），国家也会印制现金，并开着运钞车把现金运送到银行救急。因此，民营银行的信用创造，不需要担心放贷量超出金库中的现金额数。

正因为受到国家的保护，所以只要在国家制定的规则范围内，银行就可以贷出超过所持资本的数额。在极端情况下，如果国家规定的可贷额度规则（资本充足率规定等）十分宽松，那么即便银行的金库中只有 100 日元，银行也能在存折上输入"100 亿日元"进行放贷。而且，即使贷到 100 亿日元存款的客户前来提取现金，国家也会带着 100 亿日元来到银行进行支持。

　　在本章中，我们解释了国家引入货币的机制。那么，发行货币的国家和政府的具体工作又是什么呢？让我们在下一章探讨这个问题。

第三章

3

国家的角色与政府的工作

国家的角色和存在目的

国家的工作将对小岛的经济产生直接影响。因为货币（日元）的印制以及与之相关的规则制定等，全都是由国家负责管理的。

其实，小岛上已经有了足够的食物、产品和服务，因此即便保持着原状，也能够生活下去。但为了把这座岛变得更加利于生活，**岛民们引入了"国家"这一系统，以及"货币"这一元素**。

换句话说，若要深究创建国家的目的是什么，可以说是"让100个岛民过上更加幸福的生活"。那么，岛民过上幸福生活的必要条件又是什么呢？当然，这确实很难界定，但本书认为，"岛屿的文明发展（岛民能够过上更加便利的生活）"和"岛屿和平（岛民能够安心生活）"是极其重要的。

◎ 想要定义国家的角色和存在的目的十分困难。在本书中，我将其定义为"促进文明发展，创建和平社会，使国民过上幸福的生活"。

文明发展促使人民生活变得更加丰富

所谓"岛屿的文明发展"，包括"能够更加快速地进行长距离移动""工作更加轻松""能够住上更好的房子""能够吃到更美味的食物"等。

"岛屿和平"则包括"不饿死""发生地震、海啸时也可安心""被人袭击的风险较小""可安心养育孩子""疾病不扩散传播"等。

为了实现上述两个目标，国家政府在遵守国家规则（宪法）的同时，创造了"口元印钞部门""岛民规则""公务员""公共设施"四个元素。所谓"公共设施"，指的是发电厂、道路、桥梁、研究所等能使岛屿的生活变得更加便利的设施，以及堤坝、消防站、监狱等能守护岛民安全的设施。

◎ 现实中的日本对应情况如下：

"日元印钞部门"——日本银行（中央银行）；"岛民规则"——法律；"公务员"——公务员和准公务员（日本银行、日本养老金机构及研究所等机构的职员）；"公共设施"——道路、桥梁、隧道、防波堤、垃圾处理厂，以及其他各类国家公共设施。

此外，制定救助弱势群体的规则也属于国家的工作。那么，国家为什么要救助弱势群体呢？

请各位读者设身处地想一想，假设你是住在"不帮扶弱势群体岛"上的一员，你每天都在勤奋地工作，与父母和妹妹四个人生活在一起。有一天，你们一家四口开车出门，不幸遭遇车祸。你的父母和妹妹在事故中不幸身亡，只有你幸存下来。然而，你虽然幸存一命，但大脑受损，无法再继续工作。

这时，你去向公司寻求救助，结果却收到了"这是你自己的责任，谁叫你不能工作了"的回复。无法工作、走投无路的你在路边大喊，"谁来救救我啊"，却没有一个人愿意站出来帮助你。他们都认为："谁叫你没有交到能够帮助自己的朋友，这是你自己的责任。""就算身体有残疾，也能去找残疾人做的工作啊！谁让你不去找，这是你自己的责任。"

你无奈大喊："我还是死了算了！"但众人却一口一个"要死就自己去死，别给大家添麻烦！""谁让你那么无能，怪你自己。"

好了，这个时候，你会怎么做呢？

"去自杀""杀了那些让自己恼怒的人，然后自己再去死""靠捡垃圾活下去""去当小偷""憎恨整个社会，发动无差别恐怖袭击""憎恨特定的团体或者政客，然后去杀害他们"……不同的人可能会给出不同的答案。

但是，无论哪种回答，都不可能带来一个和平的未来。

如果岛上有 10 个这种被逼得走投无路的人，那么其余的岛民一定都没法安心生活。如果一出门，外面有好几个可能会发动无差别恐怖袭击的人，那大家一定都会因为不安而无法专心工作。为了以防万一，防患于未然，可能还会出现携资闭门不出，雇用士兵保护自己的人的情况。原本宁静和平的小岛就会逐渐出现动荡。

冷漠对待弱势群体的社会充满危险

如上所述，若不救助社会弱势群体，社会治安将会恶化，社会将走向崩溃。

想要阻止社会上出现弱势群体是不可能的。无论在任何领域，如果有 100 个人，那么就一定有 50 个人处于平均水平以下。而在那 50 个人当中，又会有 10 个人属于"与平均水平相比相差很多的人"。**是否属于弱势群体，只是看他和平均水平之间的差距，因此，社会弱势群体绝对不可能消失。**并且，因为情况会随时发生改变，所以任何人都有可能由于疾病或事故，第二天就变成了社会弱势群体。

为了实现岛屿和平，使所有岛民都能够安心推进岛屿文明发展，**国家才构建了帮扶救助弱势群体的机制**。

◎ 日本的救助弱势群体制度，包括各种养老金、福利保障制度、奖学金制度以及《残障者雇佣促进法》等［这类制度被称为"安全网"（Safety net）］。

◎ 一个安全网能够充分发挥作用的社会，将是一个治安良好的社会。所有人都能过着轻松愉悦的生活，经济活动也会随之蓬勃发展，并且更有利于革新（技术创新）的出现。

堵上规则的漏洞

小岛上有很多岛民规则，多到一般的岛民根本记不住的程度。然而，不论规则制定得如何细致，制定完美规则的目标都无法实现。**经过一段时间后，总会出现靠钻规则漏洞来赚钱的人。**

假设目前小岛上只有芋头一种食物。在此基础上，岛上还有一条规则规定："禁止生产同样产品的人通过集体协商的方式哄抬价格。"看到这条规则的猫想到了一个"好主意"。它花了一整天的时间，把岛上的 100 个芋头以 1 个 100 日元的价格全部买了下来。接着，猫回到自己的店里说："我 1 个芋头卖 1 万日元。"

"开什么玩笑！1 个芋头 1 万日元也太贵了吧！"

"那些芋头根本就不是猫自己种的吧！"

岛上的其余 99 个岛民都非常气愤，纷纷上报公务员。然而，猫却反驳道："我可没有违反任何规则哦。"

确实，猫并没有违反岛民规则。因此，公务员并不能将其逮捕。虽然大家都不想花 1 万日元买 1 个芋头，但吃不上芋头又只能饿死。

结果，那一年，除猫之外的其他 99 个岛民别无他法，只能以 1 个 1 万日元的价格从猫那里购买芋头，以此来抵御饥饿。

第二年，为高价芋头吃尽了苦头的 99 人选出代表举行了会议，并在会议上制定了新的规则——"禁止个人以获利为目的，垄断收购产品及服务，并进行极端的高价销售"。

看完这条规则后，猫又想到了一个"好主意"。

既然不允许个人垄断，那我就花 1 万日元雇 10 个人，然后再让这 10 个人去买断芋头。于是，猫又和上次一样，在自己的店里卖起芋头来："我 1 个芋头卖 1 万日元。"

就像这只猫一样，当群体中的居民达到一定规模，就必定会出现想要利用规则漏洞来谋取利益的人。在本书中，将这类"没做任何对其他人有用的工作，却专门盯着规则的漏洞赚钱的岛民"叫作"钻空子人"。

因为钻空子人并没有试图破坏规则，所以不能称其为坏人，但这类人对岛屿的发展没有任何贡献。

在这座小岛上，100 个岛民各司其职，制造着 100 份的食物、产品和服务。然而，如果猫的 10 个同伙以倒卖物品为生，由于它们对小岛没有任何用处，这就会使岛上制造食物、产品和服务的人减少为 90 个岛民。**比起只有 90 个岛民辛勤工作，100 个岛民一起努力更利于岛屿文明发展。**

因此，每当钻空子人出现时，国家就必须去填补规则的漏洞。

◎ 在 1978 年之前，传销组织在日本并不违法。因此，靠传销来赚钱的人，便属于对任何人都没有用却能够赚到钱的"钻空子人"。即便到了今天，仍然还有很多靠恶性转售、刷访问量，以及做空股票等赚钱的钻空子人。

◎ 空子、漏洞、小故障，原意是指程序中出现的错误或故障，但近年来，主要是指故意在游戏中有意利用漏洞的技术手段。

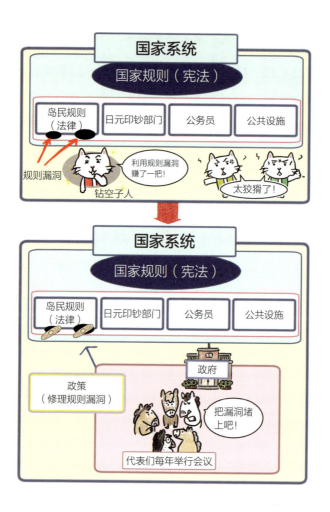

政府的具体工作

小岛以强有力的国家规则（宪法）为基础，创造了"岛民规则""日元印钞部门""公务员""公共设施"。有了这几个元素后，似乎不用管它，钱也能恰当并顺利地流向需要的地方，岛民们也都能安心过上美好的生活。

然而，事情并没有那么顺利。

随着时间的推移，总会出现既有的规则及公共设施无法应对的新问题的情况（例如：海啸和洪水增多，需要建造更大的防波堤）。

此外，货币还存在以下 3 个弱点，必须随时考虑对策。

● **弱点①：即便对他人没有用，但只要找到规则的漏洞就能赚钱**

本来，在小岛上，"对大家都有用的人"能"赚到更多的日元"是最佳的状态。但是，像钻空子人那样，虽然对大家没有任何作用，但却能抓住规则的漏洞赚钱的岛民会持续出现。

● **弱点②：根据国家制定的不同规则，某些特定岛民的工资会发生变化**

工资会根据国家制定的不同规则轻易地发生变化。改变"最低时薪（最低工资标准）"规则将改变劳动者的生活水平。改变烟草税将改变烟草的销售额，进而使烟草公司员工的工资发生改变。

当规定"公务员的年薪为××日元"之后，那么公务员无论多么努力工作，或者多么消极怠工，他的年薪都会是××日元。

- **弱点③：若放任不管，想从事重要工作的人将会减少**

"研究""防灾""维修"等，或许对未来有用但又很难赚到钱的重要工作，若只靠资金自由流动将难以维持，并慢慢变得没有人愿意去做。这时，就需要国家积极地创造相关的就业机会，支付工资，提供支持。

如上所述，想要根据岛民的贡献度为其设定适当的工资十分困难。

"年薪 200 万日元的兔子"和"年薪 2000 万日元的猪"相比，谁对岛屿文明发展和岛屿和平贡献得更多呢？仅从年薪的数字是无法判断出来的。很可能兔子从事的是对岛屿贡献度更高的工作，但受到了剥削，而猪可能只是利用了规则的漏洞，赚取了更高的收入而已。

综上所述，虽然日元（货币）是一种能够表现产品、服务价值的便利工具，但它并不是能够正确表现产品、服务价值的万能元素。这是正确理解货币的关键之处。

◎ 即便在现实世界中，也存在诸多让我们深感有必要改变规则的例子。例如，虽然工作量相同，但非正式员工的工资有时不到正式员工的一半。此外，护工、保育员、护士等对每个人来说都很重要的职业，年薪却低于平均水平。

如上所述，岛民规则和货币存在着种种弱点，若放任不管，就会引起新的问题，而政府便是为了解决此类问题而存在的。

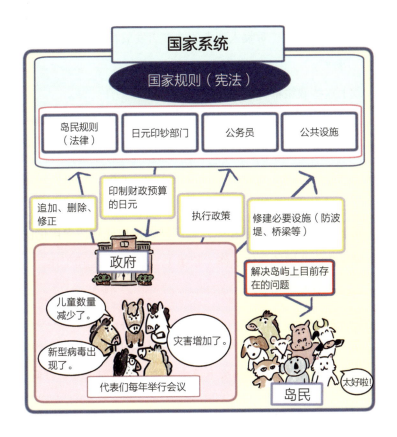

小岛每年通过投票的方式从 100 人中选出 5 名代表，举办代表会议（政府）决定今年将要做什么。**这个时候，政府的工作可大致分为两个部分：修正规则和充分利用规则及货币，妥善解决岛民们的问题。**每当岛上出现钻规则漏洞的钻空子人，政府就会修改岛民规则来填补漏洞。

当知道有可能发生海啸时，政府就会修建新的防波堤（公共设施）。

当可怕的疫病开始蔓延时，政府就会制定"禁止所有人外出""关闭饮食店""对收入减少的饮食店发放补贴""科学家研制疫苗"等政策。

以上这些政策都将由公务员具体执行。

日元印钞部门则会根据需要的数额，印制用于支付给饮食店、科学家、医生、公务员，以及相关供应商的日元。在某些情况下，政府还会根据需要出台新的岛民规则，如"对配合政府政策的饮食店实行税收减免政策"等。

如上所述，修正规则和充分利用规则及日元解决岛民们的问题，便是政府要做的具体工作（政策）。政府通过上述工作，力求实现岛屿文明发展和岛屿和平。

◎ 在小岛上，我们将政府（国会和内阁）视为一个统一的整体。但现实中的日本则由国会来负责立法，由内阁来负责行政。

政府能做的事情和不能做的事情

政府为了岛民开展的工作就是政策。**政策中有"受限之处"和"不受限之处"。**

例如，有一天，居住在小岛上的工匠猪向政府请求道："我受伤了，没法再继续工作，生活过不下去了。请救救我！"这时，政府能够说"对不起，我们的日元（货币）不够了，所以帮不了你"来拒绝工匠猪吗？

的确，如果是普通的岛民，是有可能以"我家现在也负债累累，生活拮据，帮不了你"来拒绝工匠猪的。

但是，政府却不同。

因为货币是国家创设的，而日元印钞部门是有权发行日元的，因此，**政府绝对不可能发生"因为日元（货币）不足所以办不到"的情况。**

当然，政府也许会有诸多的担心，如"会不会即便在那件事情上投入大量的日元，最终也没办法解决问题""把那么多日元投到那件事情上，可能会打破岛上的日元（货币）平衡吧"等，但政府绝不需要考虑"没有足够的日元（货币）该怎么办"的问题。

那么，如果贪吃的岛民向政府请求："我们想吃更多的芋头，给我们种 1 亿个芋头吧！"政府会怎么办呢？

这个要求，政府就办不到了。

因为这座小岛上既没有足够的土地来种植那么多芋头，也没有足够的人手。即便 100 个岛民全都变成农民，人手仍然不够。

物理上办不到的事情就是办不到。

综上所述，**政府的方针政策中不可能出现"因为日元（货币）不足所以办不到"的情况，但可能出现"因为人手或产品不足所以办不到"的情况。**

◎ 实际上也有"国家不存在财政上的制约，但有物质上的制约"的说法。

◎ 顺便说一句，有观点认为，"在制定政策时，无须担心预算，而应该专注解决眼前的实际问题。"这种观点被称为"功能财政论"。

维持货币平衡

当岛上的每个岛民只有 1 万日元的时候，一名代表在代表会议上提出："要是我们印 100 亿日元，给每个人分别发 1 亿日元怎么样呢？""大家都成了富翁，应该会很幸福吧？"

代表们均表示赞同，于是，日元印钞部门印制了 100 亿日元并分发给了所有岛民。但与此同时，税收也相应地从每年 1000 日元变成每年 1000 万日元。

然而，每个人的生活并没有因此变得更好。

因为上述做法只是使每个人钱袋子里的钞票捆数增加了，即使苹果的价格从 100 日元涨到了 100 万日元，岛上的苹果个数、汽车辆数、制造技术等其他任何事物都没有发生变化。

国家

食物 100 人份

只是单纯地分发日元，产品、服务等无论是数量上还是质量上都没有发生任何变化

产品 100 人份

100 个岛民的小岛

服务 100 人份

所谓的政策，与其说要考虑"如何进一步增加岛上每一个岛民手里的日元（货币）"，不如说更应该思考"如何才能实现岛屿文明发展和岛屿和平"。

例如，为了使对每一位岛民都非常重要的芋头种植技术得到发展（种出大量美味且便宜的芋头），国家可以采取对芋头种植业发放补贴、增加芋头种植农户的数量、设立研发芋头新品种的研究机构，以及限制国外芋头进口的数量等措施。

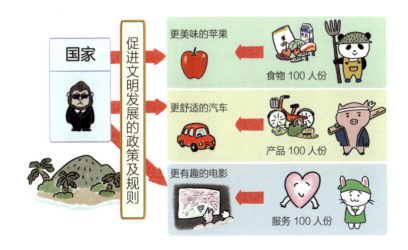

此外，如果放任不管，货币的平衡就一定会被打破。

但如果不进行任何干预，基本上一旦成为富翁的人就会越来越富有，而一旦成为穷人则会越来越贫穷。因此，政府要尽可能地调节货币的平衡。

之所以这样做，是因为文明的发展需要一定程度的竞争。

如果货币失衡得过于严重，那么正当竞争将会减少。

如果一个岛民很有想法，能创造出非常厉害的电脑，然而，因为他十分贫穷，活下去都是个问题，所以根本没有空闲的时间去制造电脑。又或者这个岛民受到开电脑店的富翁老虎的干扰，没法专心从事生产制造……那厉害的电脑可能迟迟无法面世。

因此，政府必须在充分考虑**"如何实现岛屿文明发展及岛屿和平"**以及**"如何维持货币平衡"**的基础上制定政策。

◎ 德川家康拥有很多金银财宝，是我们根本无法相提并论的大富翁。然而，生活在现代的我们却过着比他更好的生活。我们居住在安装了空调的舒适房屋中，我们能够品尝到世界各地的美食，能够享受电影、游戏等精彩的娱乐活动。而之所以能够这样，是因为我们生活在一个文明发展程度高的时代。

理论解读

维护运营系统

国家的职能在于促进文明发展的同时，维持社会秩序，保障社会稳定。

当然，或许会有人认为，在这些职能中，"即便实现了文明发展，人类也不会幸福"，这固然可以理解，但"对于每个人而言，幸福究竟是什么？"这个问题是没有绝对正确的答案的。一般来说，人们追求的是经济发展和技术进步，因此，本书也将促进文明发展包含在了国家的职能之中。

为使该职能得到充分发挥，国家以《宪法》为基础，制定了法律，创建了中央银行（流通货币），设立了公务员并建立了公共设施，并以此对国民进行管理。**国家是一个管理系统，目的是引导人们朝着良好的方向发展和前进。**

但是，不论是国家、货币还是法律，都是人类创造的产物，并非十全十美，而是漏洞百出。因此，若放任其自行发展，就一定会出现钻空子人。

此外，随着时间的推移，社会情况也会发生改变，如新型病毒的传播、自然灾害的频繁发生、出生率的下降等。我们不可能一直依靠同一个系统去应对这些变化的情况。

国家系统必须与时俱进，不断进行更新升级。因此，才存在一个具体负责立法、行政等事务的政府。政府每年通过讨论来修正规则中的漏洞，并针对目前面临的问题（新型病毒、自然灾害等）制定解决政策。

寻找钻空子人

每个人都在思考如何尽可能多地获取利益，并采取相应的行动。因此，只要系统中有空子、漏洞、故障，就一定会出现试图利用该漏洞的人。在本书中，我们将这类人称为"钻空子人"。

钻空子人大体上可以分为两类：**一种是"几乎对任何人都没有帮助的类型"；另一种则是"虽然有些许贡献，但赚取的钱大大超出其贡献度的类型"**。

几乎对任何人都没有帮助的类型的典型例子是被称为"倒货贩子"的人。倒货贩子会抢先买断很多人都想要的商品，然后再拿到跳蚤市场的相关网站上以高价转售出去。他们与为商品流通做出贡献的进口代理或批发商等完全不同，倒货贩子对任何人都没有帮助，单纯就是妨碍商品流通并从中牟利的人。

截至 2021 年，日本已经可以根据《迷惑防止条例》（《反滋扰条例》）对黄牛党（在街上高价转售门票的人）进行处罚。但是，或许因为该条例是以"传统黄牛党"为假想对象制定的，因此，处罚对象也仅限于在公共场所或火车上等进行转售的行为，不适用于网络上的转售。

2019 年，日本颁布了禁止门票非法转卖法，禁止门票转售，然而，该法规尚未触及门票之外的转售行为。因此，在转售行为方面，日本实际上允许了许多钻空子人存在。

而关于"虽然有些许贡献，但赚的钱大大超出其贡献度的类型"，典型的例子是工业革命时期的英国资本家。

当时尚未出台最低工资标准的相关法律，资本家能够以非常低的工资雇用工人。因此，当时的资本家把工厂创造出的绝大部分利润都据为己有。资本家从事经营工厂的工作，算得上有些贡献，但以现代的标准来看，他们由此获得的财富利益大大超出了他们的贡献度。

即使到了今天，与上述情况类似的现象仍然在以不同的形式发生着。例如"即便工作量相同，取得的成果也相同，但因为入职渠道不同，所以两个人的薪水大不相同""不认真干活的正式员工，工资却比认真工作的临时员工高"（虽然 2020 年生效的《派遣法》修订中对"同工同酬"做了规定，但问题仍未解决，尚有诸多待改进的地方）。

另一个典型例子是手机话费。

虽然有反垄断法，但如果企业采取"巧妙地价格相同"的策划而不是串通定价，就可以实现垄断。

在日本，三大通信运营商[1]采取相互观望的态度，以"其他两家公司也是这么定价的"为说辞，设定高价费用。

因此，与遵循良性价格竞争的海外市场相比，日本的手机费用显得过高。三大通信运营商虽然提供了通信服务，有一定贡献，

---

[1] 即 NTT DoCoMo、KDDI，以及软银（Softbank）。

但其所赚的钱大大超出了其贡献度。以上述情况来看，三大通信运营商也属于钻空子人。

日本政府认识到这个漏洞问题，以总务省、消费者厅①为核心，强烈要求三大运营商下调手机费用，并要求它们制定规则，禁止部分存在强行诱导顾客办理套餐的营销店继续营业。此外，政府还要求它们降低廉价运营商②向其租借线路的使用费。

国家和货币，是人们为了优化角色分工和分配而导入的，因此，获得超额分配的钻空子人是不受欢迎的。

话虽如此，钻空子人本身也只是为了追求利益而做出了相应的行为，无论我们如何苛责他们的人性，问题都得不到解决。实际上，**问题产生的根本原因在于存在漏洞的系统。因此，解决问题的关键就是修复那些漏洞。**

如果以积极的视角来看，钻空子人在某种意义上扮演了国家系统的调试程序（Debugger，寻找、发现程序漏洞的任务）角色。

---

① 日本消费者厅是日本的行政机关之一，为内阁府的外局，其站在消费者的角度对国家政策进行监控。——译者注

② 2015 年之前，日本手机 SIM 卡同手机捆绑销售，客户无法自行取出 SIM 卡，或通过换卡的方式更换成其他通信公司的套餐。2015 年，日本总务省发布通告，规定三大通信运营商有义务为有需要的顾客解除智能手机的 SIM 卡绑定。此后，众多运营商以 MVNO（移动虚拟网络运营商）的方式开拓 SIM 卡业务。它们通过向三大运营商租用电信设备来提供通信服务。因为它们无须进行设备投资，亦无维修负担，所以能够以优惠的价格提供通信服务，本文将其译为廉价运营商。——译者注

更新运营系统

为了应对自 2019 年以来的新冠疫情，政府出台了一项又一项政策，并完善了相关法律。像应对新冠疫情这样，随着社会状况发生变化，只靠现行系统无法应对新产生的问题时，政府就会进行系统更新升级。

有时，为填补由钻空子人发现的漏洞而出台新政策，以及适应时代变化更新自身系统是同时进行的。例如，随着互联网技术的发展和普及，自 2016 年左右开始，出现了能够免费阅读大量书籍、杂志和漫画等的盗版网站，也就是本书所说的钻空子人。这一事件给众多出版社造成了严重打击，并演变成为一个社会性问题。旧的《著作权法》不足以完全应对新的网络社会问题。虽然它规定扫描漫画并将之上传盗版网站的行为属于违法，但在盗版网站上发布链接并诱导用户访问的网站，并没有亲自扫描或上传，因此无法对其进行取缔。

直至 2022 年，随着《著作权法》的修订，不仅诱导用户访问盗版网站的人成了取缔的对象，而且明知网站私自登载，还下载相关内容的行为亦属违法。违法情节严重的，还可能受到刑事处罚。当然，在新《著作权法》整顿出台前，也实施过对部分盗版网站封锁访问的临时紧急措施。

减少弱势群体

这个世界上是有弱势群体存在的。需要福利保障的人、无家可归的流浪者等，均属于社会弱势群体。

对于这样一个群体，有时会听到这样的意见："这都是他们自己不努力的错。""明明还有其他选项，可他们却选择了那条路，因此完全是他们自己的责任。"

如果这里讨论的是我们身边的事情，例如学校或公司层面的情况，那么出现这种自我责任论的观点也无可厚非。因为倘若完全没有竞争，人们确实不会有工作的动力。

但是，如果上升到国家层面，就不能认为无能是个人的责任。

我们必须分清这两个层面的区别。**民间层面的"做不出成果的人就该抛弃"和国家层面的"做不出成果的人就该抛弃"，是两个完全不同的概念。**

需要先说明的是，人类原本就是群居动物。

我们就是在构筑了成千上万人的大团队基础上，依靠分配任务和相互帮助来生活的。为了维持高性能的团体生活，必须让有能力者帮扶无能力者。

为什么呢？因为一个抛弃社会弱势群体的社会，意味着一旦因为受伤或生病而变得无法工作就会被社会抛弃。在一个如此高度紧张的社会中，任何人都无法安心、放松地生活。这么一来，会出现什么情况呢？首先，大家都会变得不再愿意去冒险，每个人越来越倾向于采取保守的行为。然后，产生的结果便是消费不振、经济恶化，技术和文明的发展也将受到阻碍。

此外，倘若没有人向社会弱势群体伸出援助之手，那么，因贫弱而染指犯罪行为，走上抢劫偷盗之路，或者对某事怀恨在心，企图策划恐怖主义袭击的人的数量就会增加。在这种社会氛围下，社会不稳定性自然会增强，最终任何人都无法安心生活。因此，国家必须有救助社会弱势群体的机制。

2021 年，在京王线上发生了一起无差别杀人未遂事件。因犯人模仿电影《小丑》（*Joker*，讲述遭受社会抛弃的弱势者成为大规模杀人小丑的电影），使该事件成了热门话题。

对于这一事件，有些人认为是《小丑》这类电影带来了负面影响，或者觉得这类人要死的话就一个人去死好了。确实，无差别杀人是绝不能原谅的暴行。京王线事件的犯人既没有家人，也没有朋友，他已经被逼到工作不顺心，交友不顺利，一心只想去死，想被判死刑的地步。

对于那些"觉得就算死了也没关系"的人，无论再怎么指责他"都是你自己的错""必须停止暴力"都毫无意义。

当然，有些人即便走投无路也不会犯事。但是，在有 1 亿多人口的日本，若被逼得走投无路的人有成千上万，总会出现几个试图发起无差别恐怖袭击的人。这是无论如何也无法避免的统计学现象。

包括作者本人和读者在内，我们都有可能明天突然因为生病或发生事故变得再也无法工作，或者失去自己的家人和关系网络。那个时候，我们是不是就变得一文不值了呢？

一个对上述问题回答"是"的社会，未免也太可悲了。

只要社会有余力去负担，就要去帮助那些社会弱势群体。这就是人类这种社会性动物的生存策略。

幸运的是，在现在这个时代，即使有一定数量的人无法工作，我们仍然拥有足够所有人活下去的食物、产品和服务，我们有能力创造出一个向弱势群体伸出援助之手的社会。

正因如此，在现代社会中，国家设置了福利保障、残疾人养老金、遗属养老金、大额医疗费报销制度、就业保险等安全网。

使国家得到发展

国家不存在财政上的制约。

因为国家能够自己发行日元，所以不可能存在日元不足的情况。

与此相对，国家会受到物质性的制约。即使说要在一年内让日本的医生人数增加 10 倍，那也是办不到的。一来拥有医学知识的人原本就没有那么多，二来要在一年之内教给那么多人医疗知识和经验也是不可能的。

基于上述事实，越来越多的人开始认为，**"政府不需要担心财政性的制约，而应该集中精力出台政策解决眼前的问题"**。

所谓"眼前的问题"，是指诸如失业人数增加、经济不景气、物价下降、技术能力下降等和人们的实际生活直接相关的问题。

在过去，日本认为国家存在财政性制约，"国家债务增加过多，因此必须抑制进一步的支出，转为追求国家盈余"，甚至为此叫停过十分必要的政策。如今，越来越多的人更倾向于认为"国家没有财政性制约，所以必要的政策还是好好执行吧"。

话虽如此，即使向所有日本人每人发放 1 亿日元，那也只是增加了大家手中纸片的数量，日本整体的生活水平（食物、产品及服务）并不会因此提高。只有劳动生产率提高，高质量的商品增加，日本的生活水平才会随之提高。因此，如果日本想要发展（经济增长），就必须制定出推动技术进步的相关政策。

假设有一家公司能够制造出性能优越的汽车，那么这家公司最不能失去的应该是知晓如何制造出高性能汽车的工程师。如果所有的工程师都退休了，那么无论这家公司拥有多么优秀的销售、宣传及综合业务团队，都没法制造出性能优越的汽车。

如上所述，拥有技术和专业知识的人，对国家的技术发展至关重要。然而，日本虽然是一个资源匮乏、需要依靠技术实力取胜的"技术大国"，却有着轻视技术的倾向。

在注重实力的美国，研究员、工程师的工资和日本同行的工资有天壤之别，具体可见下页图。数据显示，日本工程师的工资只有美国工程师的 6 成左右。有观点认为，日本出现此种情况，是因为本应支付给工程师的工资流向了其他职业（钻空子人）。

日美不同职业年收入比较（2016 年／男性）

[以勤杂工的年收入（100）为基准]

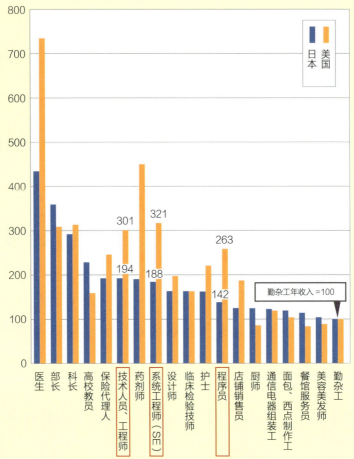

日本 美国

301
194
321
188
263
142

勤杂工年收入 =100

医生　部长　科长　高校教员　保险代理人　技术人员、工程师　药剂师　系统工程师（SE）　设计师　临床检验技师　护士　程序员　店铺销售员　厨师　通信电器组装工　面包、西点制作工　餐馆服务员　美容美发师　勤杂工

来源：Techno Hint 网站《日本工程师工资水平低于美国》。

（注：此处 100 为年收入参照基准线。）

在当今的日本，只要你成为创造新技术的工程师、研究员，那么几乎可以确定你的工资一定低于大企业中从事综合业务的员工。和我一样考入东京大学工学系研究科读研的朋友，绝大部分都因为技术类和研究类的岗位比综合业务岗的同事待遇差得太多而转向了企业的综合业务岗。

即使是喜欢研究和开发的人，最终也放弃了他们的专业。**在某个专业领域学习了专业知识的人，无法从事能够发挥其专业知识的工作，这对日本来说是一个巨大的损失。**

如果大学或研究机构的待遇得到改善，那么社会上的技术岗位、研究岗位的薪酬也会产生连锁反应。薪酬增加，愿意为技术发展贡献力量的年轻人数量也一定会增多。我衷心地希望工程师、研究员的待遇得到改善，这也是我的个人夙愿。

第四章

经济景气度和物价

价格的确定方法

物品的价格是这样确定的：

我们以某一年的苹果价格为例。假设现在小岛上有 15 个岛民想要苹果。

这 15 个岛民中，**每个岛民对"要是一个苹果 ×× 日元我就买"的感觉（买家的价格感知）各不相同。**

有 1 个人觉得即使一个苹果卖 250 日元也愿意买。

有 2 个人觉得即使一个苹果卖 200 日元也愿意买。

有 3 个人觉得只要一个苹果卖 150 日元就愿意买。

有 4 个人觉得只要一个苹果卖 100 日元就愿意买。

有 5 个人觉得只有一个苹果卖 50 日元才愿意买。

剩下的 85 个人压根就没想过要买苹果。

相反，假设想要卖苹果的人也是 15 个人。这 15 个人对于**"一个苹果只要能卖 ×× 日元那我就卖"的感觉（卖家的价格感知）也是各不相同的。**

有 1 个人觉得就算一个苹果只卖 50 日元也愿意卖。

有 2 个人觉得就算一个苹果只卖 100 日元也愿意卖。

有 3 个人觉得要是一个苹果能卖 150 日元就卖。

有 4 个人觉得要是一个苹果能卖 200 日元就卖。

有 5 个人觉得只有一个苹果能卖 250 日元才卖。

剩下的 85 个人原本就没想过卖苹果。

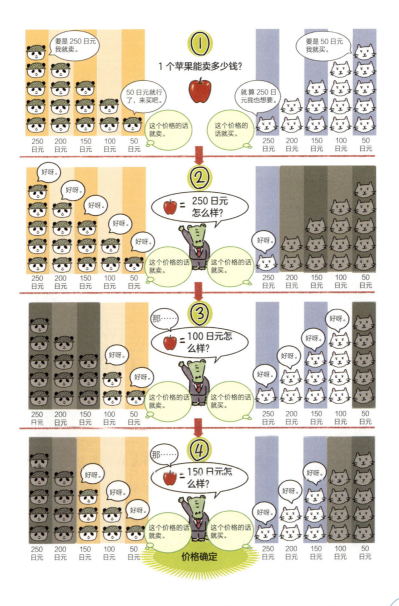

当被问道："觉得 1 个苹果卖 250 日元可以接受的人有多少？"15 个卖家全都举手了，但买家中只有 1 人举手。因此，这个价格应该是太高了。

接着问道："那么，1 个苹果卖 100 日元怎么样？"这时，10 个买家举手赞同，但卖家中只有 3 人举手应允。这说明价格太低了。

通过不断调整，最终，当问到"1 个苹果卖 150 日元怎么样"时，卖家和买家恰好均有 6 人举手表示赞同，交易就这样达成了。

商品价格便是如上述例子这样决定的。

但话说回来，上述交易是靠 15 个买家的"要是 1 个苹果卖 ×× 日元的话我就买"的感觉，以及 15 个卖家"要是 1 个苹果能卖 ×× 日元的话我就卖"的感觉来敲定价格的。

那么，这两种感觉最初又是怎么确定的呢？

◎ 显示买家的人数与价格的关系曲线被称为"需求曲线"。显示卖家的人数与价格的关系曲线被称为"供给曲线"。供需恰到好处时的价格被称为"均衡价格"。

"大概这个价格的话我就买"和"大概这个价格的话我就卖"两种感觉，会随着时间的推移而出现变化。

为了更容易理解，这里假设小岛上一年只有一次交易日，即所有苹果的买卖都在交易日当天进行。

那么，在今年的交易日上，决定苹果价格的两种感觉将受到下列各事项的影响：

①**法律、税收制度，以及去年的苹果价格。**

②**100 个岛民分别想吃多少个苹果。**

③**富裕程度。**

④**苹果生产工厂和员工的薪资谈判情况。**

⑤**苹果的种植生产技术。**

其中，第三项所谓的"富裕程度"，指的是诸如"一只手里只有 3 万日元的猫"和"一头有 3 万日元和 100 颗钻石（估计价值为 1 亿日元）的老虎"之间的区别。虽然拥有的日元数量相同，但显然老虎更会认为"区区 1 万日元啥事儿都不算"。所谓"富裕程度"，不仅指人手上的日元数量，还包括其持有的全部财产。此外，还包含对未来在工作单位可以获得高薪的期望。在上述各项**影响因素中，①、②、③三项决定了买家"要是 1 个苹果卖 ××**

日元的话我就买"的感觉，而①、③、④、⑤四项则决定了卖家
的"苹果生产总量及成本"和"利润期望度"，继而决定其"要是
1 个苹果能卖 ×× 日元的话我就卖了"的感觉。当这两种感觉确
定后，选取双方均觉得恰到好处的价格，最终确定"今年的交易
日上，1 个苹果卖 150 日元"。

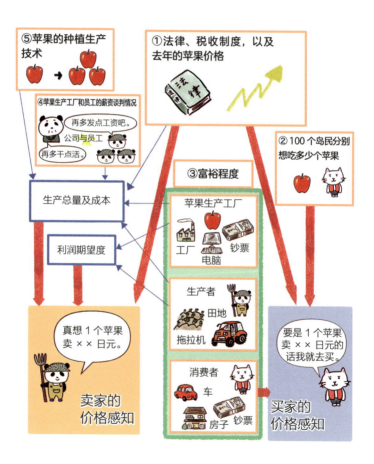

物价的确定方法

现在，我们已经知道了一种物品的价格是如何确定的。

接下来，让我们来看一看"岛上所有商品的价格＝物价"的确定方法。

关于物价，我们在这里也假设整座岛屿每年只交易一次，岛上所有商品（食物、产品和服务）的买卖全部集中进行。

此时，决定物价的因素有以下 5 个：

①法律、税收制度，以及去年的物价。

② 100 个岛民各自对商品的需求程度。

③富裕程度（不仅指持有的货币，还包括珠宝、房产等所有的财产）。

④岛上所有公司与其员工的薪资谈判情况。

⑤所有商品的生产技术。

与苹果确定价格的方式相同，通过这 5 个因素，"全体岛民和政府对所有商品抱有的'要是 ×× 日元的话就买'"的感觉（全体买家的价格感知）及"全体卖家对所有商品抱有的'要是 ×× 日元的话就卖'"的感觉（全体卖家的价格感知）得以确定。在这两种感觉的平衡点上，所有商品的价格（物价）得以确定。

那么，今年岛上的物价具体是如何确定的呢？接下来让我们一起看一看。

首先，政府将会参考去年的情况来决定实行怎样的政策。如"购入 100 个苹果分发给老人""给患有疾病的人分发足够他们 1 年生活的日元""修建一座大坝"等。另外，岛民们会决定自家的支出。例如"要是一辆车卖 ×× 日元的话咱就买一辆""要是苹果卖 ×× 日元的话就买一些"等。岛民们和政府一起确定了全体买家的价格感知。

接着，卖家们也会纷纷确定自己的价格感知。"苹果我想卖大概 ×× 日元""车我想卖 ×× 日元左右"。由此，全体卖家的价格感知也得以确定。

在上述所有"×× 日元的话就买"和"×× 日元左右就卖"中，将会选取一个双方都觉得恰到好处的价格成交，进而确定了今年的物价。

物价确定后，就是支付环节。

一方面，拥有"100 万日元和价值 1 亿日元钻石"的老虎决定花 500 万日元购买一辆汽车。但因为钻石不能直接用来付款，所以，老虎用钻石作为抵押，向银行贷了 400 万日元，付款买下了汽车。

另一方面，政府决定花费 5000 万日元用于今年的全部政策支出。因为今年的税收总计 1000 万日元，所以日元印钞部门又印制了 4000 万日元进行支付。此时，如果用银行贷款进行支付的只有老虎，那么在交易日这一天，这座岛上增加的日元总量就是"**国家印制的 4000 万日元 + 老虎向银行贷到的 400 万日元（信用**

创造）=4400 万日元"。

如上所述，整座岛屿的日元总量是在物价确定后的支付阶段增加的。当支付全部完成后，这价值 4400 万日元的增加部分，将使 100 个岛民钱包中的财富也相应增多。

当然，被购买的商品会成为买主的私有物品（资产）。在这之后，也还会有其他岛民向银行借款，或是获得新的资产（挖掘钻石、发现天然气田等），这使所有人的富裕程度（资产状况）不断发生变化。

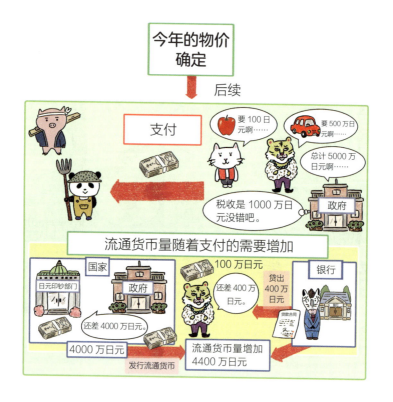

最后，今年的这些变化情况又将进一步决定明年的物价。

◎ 物价上涨的情况被称为"通货膨胀"，物价下跌的情况被称为"通货紧缩"。在短时间内物价大幅度上涨，被称为"恶性通货膨胀"。

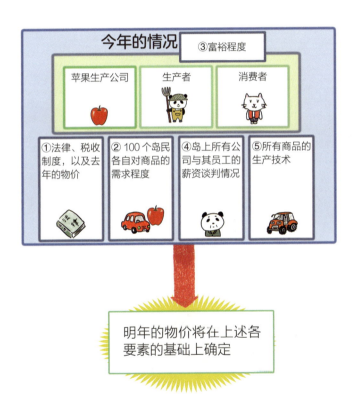

◎ 政府支出的额度由政府自由决定，因此国家的货币发行量全凭政府自由裁夺。正因如此，政府决定给每个人发 1 亿日元补助，然后发行天文数字的货币量也是可以的。不过，这样的做法会导致国民的资产状况发生急剧变化，进而对下一年的物价造成巨大影响。

物价上涨的原因

在小岛上，原本有 10 个岛民在汽车公司工作，制造着 100 人份的汽车。

随着时间的流逝，汽车的生产技术不断进步。现在，即使只有 5 个岛民，也就是原来人数的一半，也能够制造出 100 人份的汽车了。因此，在汽车公司工作的 10 个岛民中，5 个被解雇了。

这时，一只狸猫找到被解雇的 5 个岛民，邀约他们说："这个岛上还没有飞机，我们一起造飞机吧！"最终，5 个岛民决定去狸猫的飞机制造公司工作。狸猫从银行贷了 1000 万日元的款，把其中的一半作为工资，给 5 个岛民分别发了 100 万日元，剩下的 500 万日元则购买了制造飞机的材料。

这个时候，收到工资的 5 个岛民以及向飞机制造公司出售材料的商家口袋中，总共多了 1000 万日元。

钱袋子鼓起来的他们开始购买各种商品。

如果我们把这种现象套到前文讲述的物价确定方法上，就相当于"想买东西的人"增加了，这将带来物价的上涨（通货膨胀）。

在这之后，飞机制造公司通过出售飞机赚到了钱，并将员工增加到 10 个。

然而，随着飞机生产技术的不断进步，飞机行业也变成只需5个岛民就能制造出 100 人份的飞机了。最终，又有 5 个岛民被解雇了。

这时，狸猫又对下岗的 5 个岛民说："这个岛上还没有火箭，我们一起制造火箭吧！"

就这样，相同的情况一代代延续下去。

在上述例子中，狸猫不仅创造了让海岛出行变得更加便利的飞机、火箭，还为被解雇的 5 个岛民提供了使岛屿生活变得更加便利的工作，对岛屿文明发展做出了贡献。

政府的最终目标，是**实现岛屿文明发展和岛屿和平**。

因此，政府希望像狸猫这样的岛民增加，所以会积极地实施鼓励更多人从事新工作的政策。

若鼓励更多人从事新工作的政策得以顺利实施，就会不断涌现像狸猫那样的岛民，而物价也会随之缓慢上涨。

因此，**当物价缓慢上涨时（通货膨胀正在发生），政府会认为"很好！很好！情况非常好"**。

而与之相反，若鼓励更多人从事新工作的政策开展得不顺利，那么被解雇的 5 个岛民将很难开展新的工作。于是，没有薪水的 5 个岛民将无法购物。而这对于岛上的其他人来说，也意味着相应的商品卖不出去，最终导致大家都只能捂紧钱包。

若用上一节中讲述物价确定方法来说，这种情况相当于"想买东西的人"数量减少，因此会导致物价下跌。**当物价下跌时（通货紧缩正在发生），政府会认为"啊！情况很糟糕"**。

尽管如此，最为重要的还是实现岛屿文明发展和岛屿和平。

进一步说，就是使每个人过上更加便利、更加幸福的生活。

所以，**物价上涨并不是政府的首要目标。**

◎ 最为重要的并不是追求通货膨胀。实际上，并不是因为通货膨胀带来了经济景气，而是经济景气导致了通货膨胀。

◎ 有一种通货膨胀被称为"成本推动型通货膨胀"，它是由原材料成本、工资等的急剧上涨引起的，是一种不会改善人们生活水平的通胀。

改善经济状况的有效方式

鼓励更多人从事新工作的政策应该如何实施呢？政府的代表们就此展开了热烈的讨论。这时，大象和长颈鹿纷纷提出了自己的意见。

大象的意见如下。

大象："印发日元，然后把这些日元拿去给斑马的银行。"

长颈鹿："为什么要这样做呢？"

大象："银行有盈余，就会下调利率。以前银行贷出 100 万日元时，都要求返还 110 万日元。如果有盈余的话，银行就会慢慢地变成要求还 101 万日元了。"

长颈鹿："那为什么下调利率是件好事呢？"

大象："**如果利率下调，向银行借款变得更加容易了，那么来银行贷款开创新事业的岛民就会增多。**"

长颈鹿："原来如此。这可能是有效的办法。"

政府立即实施了上述政策。

结果，银行的利率真的下调了。

然而，令人意外的是，开创新事业的人并没有增加。

岛屿文明发展非但没有得到推进，还导致了物价下跌（通货紧缩）。

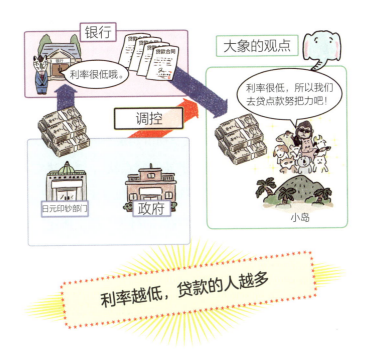

利率越低，贷款的人越多

长颈鹿的意见如下。

长颈鹿："看来光下调利率还是不行。"

大象："这是为什么呢？"

长颈鹿："如果大家不主动想'就算得向银行贷款，我也要去做这个新工作'，那么无论利率降到多低，大家都不会去贷款的。"

大象："那怎么做才能让大家想去贷款呢？"

长颈鹿："如果有一个绝佳的商机，能让人确信一定能赚大钱，那么就算利率再高，大家也一定想要抓住这个商机，去银行贷款创办公司。或者，如果造出了一些让人觉得十分想要的商品，比如令人兴奋的新款智能手机或炫酷的汽车等，那么肯定会有人

131

就算贷款也想要买下。"

大象："原来如此！也许真是你说的这样。"

这又是怎么一回事儿呢？

我们在第四章第二节中已经解释过，买卖遵循的是"**买家的价格感知和卖家的价格感知确定→物价确定→向银行贷款进行支付**"的顺序，因此，大家想到"找银行贷点款"，是在决定"付钱买下这个"之后。所以，仅靠下调银行的利率无法使人们产生创业的想法，或者增加人们购买新商品的行为。综上所述，想要增加创业人数，更可行的做法是创造适于创业的环境以及培养具有创业能力的岛民。

◎ 大象的观点被称为"货币供给外生性"。

◎ 长颈鹿的观点被称为"货币供给内生性"。

◎ 近年来，虽然我们实行了降低银行利率的货币政策，但到目前为止尚未取得理想的效果。

那么，想要做到像长颈鹿说的那样，为创业创造环境及培养岛民，具体应该怎样做呢？例如，像前文提到的狸猫那样决定开始创业的岛民，首先肯定会考虑："我要向银行贷点款购买创业所需的原材料。这些原材料要是卖 ×× 日元，我就想买下来（买家的价格感知）。"当然，我们需要先有更多的人产生"×× 日元的话就想买"的想法。为此，我们必须制定出相关的政策。

在"物价的确定方法"一节展示的图中，改变下述各项中的

任何一项，都会使岛民对"制造飞机的原材料，要是卖 × × 日元，我就想买下来"的感知发生变化。

①法律、税收制度，以及去年的物价。

② 100 个岛民各自对制造飞机原材料的需求程度（有多想制造飞机）。

③富裕程度。

我们举一些例子思考一下。

政策示例 1：制定规则，保障创业人员即便创业失败也可以很容易地重返社会

如果生活在一个一旦失败就无法找到体面工作的社会中，那

么大家一定会对挑战新事物感到不安。因此，我们需要创造一个良好的环境，让担心"要是失败了……"而不敢踏出第一步的岛民能够放心地进行创业。

政策示例 2：在学校教授如何创业

通过在学校教授银行贷款的运作方式和如何创建公司等知识，让越来越多的人想"好吧！让我们来尝试挑战一下新事物吧"。

政策示例 3：减税、发放补助金

如果狸猫拥有 10 万日元的资产，并且今年需要缴 2 万日元的税，那么它剩下的能够自由支配的资产就是 8 万日元。假设这时，狸猫想的是："购买飞机的原材料费用如果是 3 万日元的话我还是买得起的……"但恰好这时政府宣布："今年税缴 1 万日元就可以了（减税）。"或者对狸猫说，"给你发 1 万日元（补助金）"，那么狸猫在购买原材料时，就会变得愿意投入更多的资金，觉得"买飞机的原材料，4 万日元还是拿得出来的"。最终，狸猫购买了原材料，这提高了飞机问世的可能性。

◎ 现实中的日本由于鼓励更多人从事新工作的政策实施效果不理想，导致国家陷入了通货紧缩的情况，在这种情况下，日本政府还进一步提高了消费税。

◎ 我们可以认为，基本生活保障收入制度（每个月向全体国民发放数万日元小额补助金的制度）与政策示例 3 具有相同的效果。

◎ 前文中大象提出的调整银行利率的政策虽然影响甚微，但并不意味着效果为零。若套用前文所讲的①~③项，相当于法律和税收制度的变化。

恶性通货膨胀

在遥远的大洋对岸，有一座叫"津巴布韦"的岛屿。

在津巴布韦岛上也住着 100 个岛民，有一个政府，也有负责印制其流通货币"Z"的印钞部门。津巴布韦岛上有很多来自外国的岛民，在 100 个岛民中，有 50 个岛民都是外国人。

居住在这座岛上的 50 个外国人知识渊博、经验丰富，他们为整座岛屿提供了大量的食物、产品和服务。如果把 1 人份的食物、产品和服务称作"一个物资单位"，那么这 50 个外国人提供了 100 组物资。

换句话说，这座岛上的 100 个人一直以来都是靠着这些外国人创造的 100 组物资才过上了富裕的生活。

然而，某一天，津巴布韦政府突然宣称："这是我们的岛屿，我们把外国人赶出去吧！"于是，50 个外国人全被驱逐出了岛屿。

外国人被赶出去后，岛内立即陷入了一片混乱。

之所以出现这样的情况，是因为一直以来为整座岛屿制造100 组物资的 50 个外国人离开了，岛内物资很快就变得短缺。剩下的 50 个人（当地人）虽然试图想办法渡过难关，但因为他们既没有知识也没有经验，所以尽管岛上还剩下 50 个人，但他们只能生产出 20 组的物资。于是，50 个人开始争夺起这 20 组物

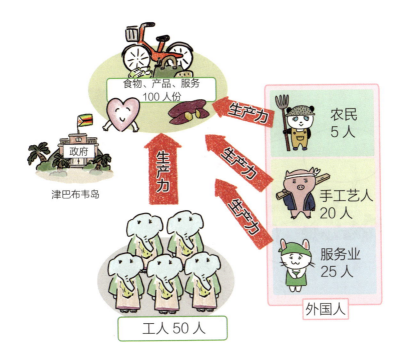

资来。原本通常只卖 100Z 的芋头，现在却被人们炒得越来越贵。"我出 500Z 买芋头。""我出 1000Z！""那我出 2000Z 买！"价格一路攀升。

没过多久，芋头的价格就涨到了 10 万 Z。岛民们悲叹道："一个芋头竟然要 10 万 Z，这也太贵了吧！"

面对此种民声载道的境况，津巴布韦政府宣布道："如果大家都觉得芋头贵，那政府就给大家多发些纸币，这样人家就都能买得起芋头了吧？"

于是，政府印制了越来越多的纸币"Z"，并不断地分发给岛民。岛民口袋中的纸币变得越来越多。

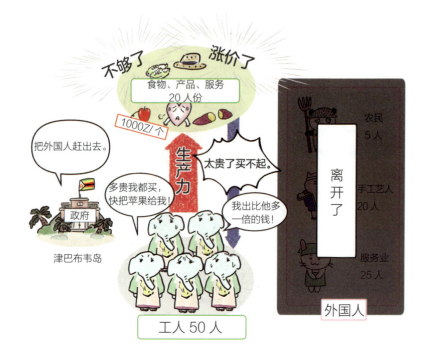

然而，岛上只有 20 组物资的情况并没有发生变化，在这种境况下增发货币，结果也只是"我出 50 万 Z 买芋头。""老子出 1000 万 Z！""那我出 2 亿 Z！"，即价格不断增长而已。

最终，一个芋头的价格涨到了 100 兆 Z。这时，那些卖物资的人心里开始想："上周一个芋头才卖 100 亿 Z，这周就飙升到了 100 兆 Z 一个。这样（贬值）的货币太让人害怕了，我不想要了。"这么一来，津巴布韦岛的流通货币"Z"最终成了一张什么都买不到的纸片。

~~~~~~~~~~~~~~~~~~~~~~~~~~~~~~~~~~~~~~

◎ 津巴布韦于 2000 年至 2009 年发生了恶性通货膨胀。

◎ 恶性通货膨胀发生的根本原因并非大规模发行货币，而是物资供应短缺。当物资的供应能够满足人口数量时，即便大规模发行货币，也不会导致货币贬值到一文不值程度的通货膨胀。

~~~~~~~~~~~~~~~~~~~~~~~~~~~~~~~~~~~~~~

另外，战败之后的短时间内，也会发生物价大幅上涨（恶性通货膨胀）的情况。

因为战争会造成食物、产品和劳动力等各项事物都短缺，所以无论发放多少货币，卖家都不会卖掉其生存所需的食物。

当物资的价格不断上涨时，纸币的价值就会越来越接近一张纸片。

◎ 恶性通货膨胀的典型例子包括第二次世界大战后的日本以及第一次世界大战时期的德国。

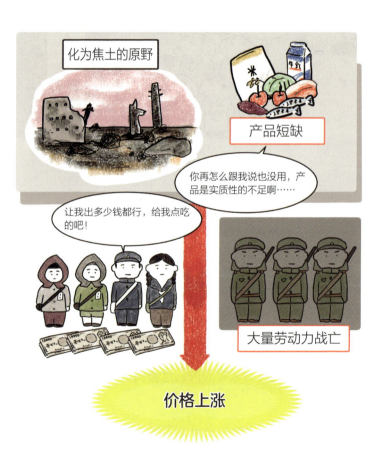

理论解读

收益法

在经济学领域，关于如何决定物价有好几种理论，本书以"收益法"理论为基础展开说明。不过，想要对此进行详细讲解，必然会牵涉微积分等复杂的数学公式，因此本书决定将这个部分省略。

一般来说，大家只需理解物价是由 5 项条件决定的即可（详见第四章第 2 节）。但这里最为重要的是，要明白**"政府进行支付之后，流通货币量才会增加"**。

假设政府在考虑"修建堤坝""给重疾病人发放 1 个月的生活补贴"等政策，那么政府首先需要问的是："有没有愿意为岛屿低价建造堤坝的承包商（一般竞标）？"最终，政府决定将堤坝建造工程承包给出价最低的 A 公司，其竞标价是 8 亿日元。

接着，政府又对大病保障进行了讨论。"如果要承担 1 个月的生活补贴，那究竟多少钱才够一个人一个月生活用呢？""所谓的重疾，究竟到什么程度才算呢？"政府在对这些问题进行讨论的同时还参考了迄今为止的物价情况，最终决定"给患这个程度重疾的 100 个国民每人发放 10 万日元"。

之后，政府确实按预算政策筹措了价值 8 亿 1000 万的流通货币并进行支付。如上所述，政府是在确定 8 亿 1000 万日元的支付额度之后，才开始准备用于支付的流通货币的。

民营银行的信用创造也是如此。当山田先生贷款 1000 万日元买房时，整个流程也是"决定买房，去地产销售中心等看样品房→与卖家商谈→决定购买 1000 万日元的房屋→向银行贷款 1000 万日元用于支付（信用创造）"。

换句话说，现实中实际发生的顺序是**"购物（有效需求）→与卖家（供给）交涉商谈→确定价格→流通货币量改变"**。流通货币量在支付价格（物价）确定之后，才会相应地出现增减。

当经济景气时，想要开展新商务的人不断增加，使"我想花 ×× 日元买齐 ×× 来创建公司的有效需求"增加，结果就带来了通货膨胀（物价上涨），并且流通货币量得到增加。

当经济不景气时，即便"购物（有效需求）"没有增加，但只要卖家的情况发生改变，也会导致通货膨胀。例如，当我们从俄罗斯等产油国进口原油出现困难时，日本国内的原油相关产品就面临着成本上涨的情况，而成本增加会使卖家价格感知中"我想卖 ×× 日元"的 ×× 相应地上涨，最终导致这个商品本身的价格提高（这种由于原材料价格上涨引起的通货膨胀被称为"成本推动型通货膨胀"）。

如上所述，不论经济是否景气，都可能出现通货膨胀的情况。因此，我们不能单纯地靠"正在通货膨胀，所以现在处于经济景气时期""因为通货紧缩，所以现在经济不景气"的说法来下判断。

所谓的"通货膨胀"和"通货紧缩"，都只是商务谈判结束后作为结果确定的数值，而能够促进国家发展的经济景气状态是

"购物（有效需求）"增加的状态，仅此而已。

想要推动"购物（有效需求）"增加，必须改变下述内容的其中一项：①法律、税收制度，以及去年的物价等社会环境；②买家对商品需求的程度；③国民的资产状况。

最简捷高效的做法是国家开展大量的公共工程事业。

当政府发行货币（发行国债）并开展公共事业时，政府也会成为买家之一进行采购，因此，能促进最根本的"购物（有效需求）"增加。此外，启动开展公共事业时的费用支付程序，能够将政府发行的货币转移到国民手中，进而使"③国民的资产状况"得到改善。

除了上述做法，还可以采取减税、发放补助金等直接改变①和③的方法。

政府通过上述收入、支出的方式施行的影响经济的政策被称为"财政政策"。

除了财政政策，还可以通过诸如"出台更易于国民创业的法律""改革教育制度、鼓励更多的年轻人尝试创业"等改变隶属于第①、②项的部分内容，从长远的角度刺激"购物（有效需求）"的增加。

如果我们能够顺利改变①、②、③，成功增加想要创业和购物的人数，就会发生通货膨胀的情况，银行的贷款量也将得到提高，经济将呈现景气态势。

基本生活保障收入制度

基本生活保障收入制度是指政府定期向全体国民发放定额津贴的政策制度。基本生活保障收入制度能不能给经济带来积极的影响，取决于发放的金额。若额度太高，则效果不佳。我们可以想象，假设基本生活保障收入每月给每个国民发放 30 万日元，那么在物价不发生大变动的情况下，有了这笔钱，即便不工作也足以生活下去，这么一来，劳动力人口势必减少，日本整体的生产力也将随之下降。不仅如此，随着供给短缺情况的出现，通货膨胀将越来越严重，直到通胀严重到仅靠 30 万日元不足以维持生活时，无业人员增加的趋势才会停止。

相反，**不至于导致劳动力人数减少的"小额基本生活保障收入"，则能够发挥相当于给全体国民统一减税的效果。**这使全体国民的资产得到增加，若套用前文的理论，则相当于"③国民的资产状况"得到改善，因此也有可能使经济变得景气。

货币政策

近年来，日本银行实施的货币政策均以数量方程式（货币数量论）为基础。

所谓的数量方程式（Quantity Equation），与前文所述的收益法不同，它是按照"日元增加→发生通货膨胀→经济变景气"的顺序来解释的。

货币政策主要是由中央银行（日本银行）执行的政策。日本银行为了改善经济景气度，将通货膨胀率提高到 2% 左右，因而增加了日元的发行量。其著名的货币政策包括"量化加质化货币宽松"（Quantitative and Qualitative Monetary Easing）和"负利率政策"（Negative Interest Rate Policy）。

然而，最终结果并没有达成其预定的经济目标，通货膨胀率也几乎没有提高。为何上述货币政策效果不尽人意呢？所谓"量化加质化货币宽松"，主要是指日本银行大规模发行日元，购买民营银行持有的国债。日本银行最初施行该政策，主要是为了调节代表性的量化指标——"基础货币"（Monetary Base）。而所谓的基础货币，指的是日本银行直接向社会面供应的日元总量（流通现金 + 日本银行活期账户存款的总额）。

政府根据当时的经济常识"数量方程式"，认为只要增加社会面的货币（货币存量，Money Stock）流通量，物价就会上涨。

因此，如果中央银行大规模发行货币（增加基础货币），并发放给民营银行，那么持有大量货币的民营银行便可以发放更多的贷款，而这也将使社会面流通的货币量（货币存量）增加，带动物价上涨（外生性货币供给理论）。持有这一观点的日本银行便增加了基础货币发行量。然而，物价并没有因此上涨。原因很简单，如本书第二章所述，国债几乎等同于一种"带息日元"。因此，单纯把社会面上的"带息日元"换成"普通日元（不带利息）"，基本上不会带来什么改变。

如果用收益法来解释，就相当于"③国民的资产状况"没有发生任何变化，因此消费者的行为没有发生改变，最终的结果便是物价几乎没有任何变化。

而另一项政策"负利率"则是认为民营银行下调利率，会使大家产生划算的想法，因此大家一定会扎堆来申请贷款。于是，日本银行便实施了要求民营银行降低贷款利率的货币政策。

然而，这项政策亦是收效甚微。即便利率略有下调，也没有多少国民向银行贷款。综上所述，日本银行的货币政策并没有取得很好的效果。而现在，越来越多的经济学家开始认为，"应该使用收益法，而非数量方程式来制定货币政策""想要经济得到改善，财政政策比货币政策更为关键"。

现代货币理论

本书到目前为止所介绍的内容，是基于一种称为 MMT（Modern Monetary Theory，现代货币理论）的经济理论。

现代货币理论与一直以来经济学界主流的理论（主流经济学学派）在前提上就大相径庭，因此被视为"异端派"。大约自 2010 年以来，该理论在国外引起了极大争论，甚至牵涉到保罗·克鲁格曼等重量级经济学家。在日本，则是到了最近才渐渐为人所知。但是，日本对真正的现代货币理论理解得并不透彻，多数讨论均为听风是雨，他们将其挪揄为"无限贷款理论""大量发行国债大家就能幸福理论"等。在他们的认知中，这一理论似乎不过是一些怪人主张的世俗之说。实际上，现代货币理论是用于分析宏观经济学的学术体系中的一员。

现代货币理论的经济学系谱图示例

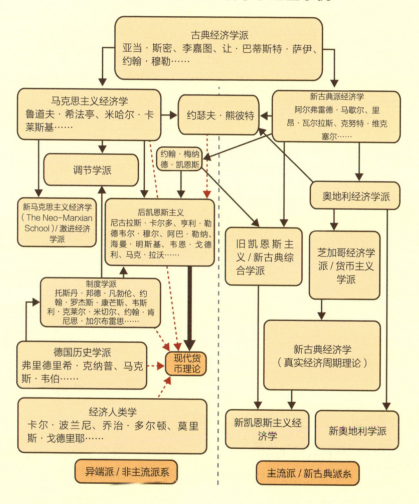

现代货币理论经过系统化的总结后，知名度开始上升。不过，现代货币理论采用的理论本身其实是从过去的论文和讨论中派生出

来的。正如前文的经济学系图谱可以看到的，经济学家们历经漫长的研究后总结出的一种理论，正是现代货币理论。现代货币理论并非突然出现的一种不着边际的俗世之说。形象地说，现代货币理论就和"**长期以来，地心说和日心说的学者们一直在激战，直到不久之前，地心说占据上风，而近年来，大家又认为'看上去还是日心说更正确一些……'日心说又重返学界主流**"的感觉是一样的。

现代货币理论的核心内容基于信用货币理论和内生性货币供给理论（只有国民产生想要借钱的想法后，银行贷款才会增加）。它和主流学派具有下列区别。

	主流学派	现代货币理论派
货币观	商品货币理论	信用货币理论
货币供给理论	外生性货币供给理论	内生性货币供给理论
关于国家的财政支出	应该以实现盈余为目标	赤字是基本（赤字 = 货币发行）
政府和中央银行	中央银行的独立性极为重要	应作为实质性的统一政府发挥功能

经济学家中也有持各种各样观点的人，但至少那些以"信用货币理论"和"内生性货币供给理论"为理论基础的学者，通常被称为"现代货币理论派"。

现代货币理论派的经济学家以上述理论为基础，衍生出了"功能财政论""存量流量一致性模型""债务金字塔"等多种理论。

顺便说一句，笔者认为，只要能正确地描述现实，不论是现代货币理论还是主流学派都没关系。只是基于本人截至目前所阅览过的书籍和论文，以及和众多专家交换的观点意见，感觉现代货币理论更合乎道理、更为妥当，因此本书采用了现代货币理论作为阐释经济的轴心理论。

恶性通货膨胀

主流经济学认为，"过度发行货币就可能导致恶性通货膨胀情况的发生"，因此一直以来都对此抱有强烈担忧。之所以出现这样的观点，是因为他们基于数量方程式，错误地认为"增加流通货币量将导致通货膨胀"。但是，正如前文的故事所阐述的那样，津巴布韦和战后的日本之所以**发生恶性通货膨胀，是由于生活必需品供应不足**。因为物资短缺，所以不论我们有多少纸币还是买不到东西，仅此而已。

除了上述情况，还有其他情况会导致物资价格突然急剧上涨，但每种情况都能找到充分的理由，如投机泡沫（将于第五章介绍）、外币计价债务（将于第六章介绍）等。时至今日的人类历史中，从未出现过"仅仅由于货币发行量过大而导致物价无法控制地上涨"的事件。因为它是按照"购物（有效需求）→与卖家（供给）交涉商谈→确定价格→流通货币量改变"的顺序发生的，因此通货膨胀本身不过是各种经济现象的结果而已。当然，如果政府投入大量支出，那确实能带动"购物（有效需求）"增加，出现通货膨胀的倾向，但这种通货膨胀也仅相当于政府支出的额数，并不会无休止地继续膨胀下去。

第五章

投机与债券

投机泡沫

在一片一无所有的土地上，如果建起了一座新的车站，这时，就会有居民想道："这周围将来可能会建起住宅、开起店铺，变得热闹起来。"于是便买下了车站周边的土地。他们认为，如果这一带变得热闹起来，那么想买周边土地的人也会增加，这时他们就能高价卖出原先买下的地。**像这样"低价时买进，高价时卖出"的行为，就称为"投机"。**当居民们为这种"投机"而疯狂时，会发生什么事情呢？

◎ 投机：预测到未来的价格变动，企图通过未来价格与当前价格的差异来获利，并为此买卖商品或资产的行为。

◎ 投资：购入工作所需的某些物资，以便在将来赚取利润。例如设备投资、前期投资等。在本书中，为着重强调"（只着眼于价格的）低价时买进，高价时卖出"，对所有情况都统一使用"投机"一词。

在遥远的大洋彼岸，有一座叫作"霍兰德"[1]的小岛。

---

① 作者此处指代的实际为"荷兰"。

一天，有人将一种花朵的球茎带到了这座小岛上，这种美丽的花朵叫作郁金香。霍兰德岛民们立刻就被这种岛上原本不存在的花朵迷住了。但是，因为郁金香的球茎十分罕见，所以只有少数富翁能买得起。富翁们将郁金香种到花坛中央，以向世人炫耀自己的富有。

最终，拥有郁金香成了富有的象征。这使富翁们对郁金香的收藏热情高涨，从而带动了郁金香球茎价格的不断上升。

看到这种情况，岛民们开始思考："我去收购一些郁金香的球茎，然后再卖给富翁们，那不就可以赚大钱了吗！"于是，霍兰德岛上不仅富翁和资本家们，连农民们、渔夫们、猎人们、工匠们**都开始为获得球茎而痴迷，球茎的价格进一步向上攀升。**

球茎的价格不断上涨。后来，一颗球茎的价格涨到和 1 公斤黄金的价值相当，比霍兰德岛上最高级的运河沿岸河景房的房价还要贵。最终，它的价格攀升到了相当于普通岛民 50 年左右的年收入之高。

当球茎在市场上脱销后，接下来变成了不用"真正的球茎"交付，而采取"预计来年春天可以到手的球茎"来进行买卖的形式（期货交易）。因为相信"绝对能够赚到钱"，所以为了获得球茎，有人甚至放弃了他们的珠宝、房子、土地或家具等。

当然，霍兰德岛上这种价格不断上涨的现象，是以"有富翁出于纯粹的观赏目的，情愿支付高价也要获得稀有的郁金香"为前提的。因此，有一天，当岛上出现了"以后也许不会有富翁想买郁金香了"的传言时，郁金香球茎的价格便一天天下跌，大家

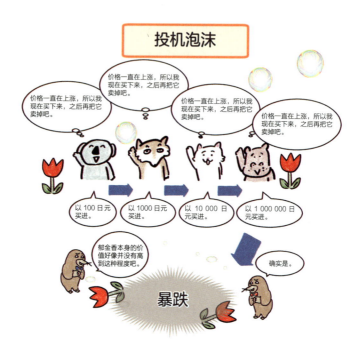

都不再购买，最终球茎变得几乎一文不值。

◎ 当人们为投机而疯狂时，一种商品或资产的价格会持续高于其本身的价值，这种经济状态被称为"投机泡沫"。因为这种状态和中空的泡沫膨胀、破裂的情形十分相似。

◎ "郁金香泡沫"发生于 1637 年左右的荷兰。这被认为是记录中最早的投机泡沫。

◎ 通货膨胀指的是物价整体性地上涨。与此相对，泡沫指的则是只有一种或几种商品的价格上涨到高于其实际价值。

100 个岛民的小岛上（日本）也发生过类似的情况。有一天，岛上突然出现了一个传言："因为土地的价格至今从未下跌过，所以应该尽早买些地。现在的地价是 1 万日元。"随着这个传言越传越广，大量的岛民开始购买土地，想以此大赚一把。

"我 1 万日元买的地卖了 3 万日元，明年肯定能卖 5 万日元。""我还想着能卖 5 万日元呢，结果它竟然卖到了 10 万日元！""现在是 10 万日元，但听说明年能涨到 100 万日元。"

这样的传言和买卖持续了很长时间，原本值 1 万日元左右的土地，价格涨到了 100 万日元。

这时，拥有一块土地的老虎想："我去银行贷 100 万日元的款，再去多买一块土地吧！"对此，银行家想："给老虎贷款的话，就算出了什么问题，也可以把它的土地卖了还款。"于是，银行家便借给了老虎 100 万日元，而老虎则用那笔钱又买了一块地。

过了几个月，土地的价格变成了 300 万日元。这时，老虎卖掉了手头的两块土地，赚了 600 万日元。周围的岛民们看到了都非常羡慕。于是，大家都想着"学学老虎的做法吧"，**便纷纷用土地作为担保，向银行申请贷款。**接着，大家果然都大赚了一把。看到大家都赚了钱，银行也认为："当前行情大好！大家用土地作抵押，我们能给人家借多少就借多少！"之后十分乐意贷款给每一个岛民。

但是，如果按照这个趋势持续下去，物价就上涨得太多了。对此表示担心的政府有一天突然宣布："禁止购买超出个人需要的土地。""此外，禁止银行向'以买卖土地赚取利润为唯一目的的岛民'发放大额贷款。"听到政府的通知，岛民们顿时忧心忡忡起来。"咦？这样的话土地不就卖不出去了吗？"猛然回过神来的岛民们停止了购买土地的行为。可这么一来，土地的价格开始不断下跌，最终降到了 1 万日元。

此时，对那些持有土地的岛民来说，身上的负债并没有消失。

老虎向银行贷了 1000 万日元的款，它想着万一出现意外情况，就卖掉土地还贷即可。但现在即使把土地卖了，也只能变现成 1 万日元，所以老虎除了宣告破产别无选择。

居民债券

有一天，一家面包公司的总经理想："真希望再建一座新的面包工厂啊！"

这家面包公司的总经理为了筹集必要的资金（日元），便以 100 万日元的价格出售了"**5 年后面包公司将返还 105 万日元的券（居民债券）**"。接着，熊猫以 100 万日元现金买下了这张券。

这相当于面包公司的总经理向熊猫借了 100 万日元。他用这笔钱建起了一座新的面包工厂。

之后，把钱借给了面包公司总经理的熊猫看到小熊猫正在卖它的拖拉机，售价 100 万日元，熊猫很想买下这辆拖拉机。但是，现在熊猫的手上没有钱，所以，它向小熊猫拜托道："**我能不能用这张'5 年后面包公司将返还 105 万日元的券（居民债券）'来支付？**"小熊猫同意了，它用自己的拖拉机换了这张"5 年后面包公司将返还 105 万日元的券"。

再接着，小熊猫又去银行请求说："能不能借我 100 万日元？"

银行家看了看小熊猫手上的"5 年后返还 105 万日元的券"，想着"万一出现什么意外，我们把那张券拿来卖掉应该就能还上款了"，于是也表示同意，接着就在小熊猫的存折上写下了"100 万日元"。

现在，这座小岛上出现了两笔钱：一是只要接受方表示愿意，就可以当作 100 万日元使用的"5 年后面包公司将返还 105 万日元的券（居民债券）"，二是小熊猫从银行贷到的 100 万日元。换句话说，岛上能作为货币来使用的钱增加了 200 万日元。

如上所示，**"居民债券 = 向'银行以外'的机构借 ×× 日元时的贷款合同"，可以作为具有 ×× 日元价值的"货币（信用货币）"来使用。** 居民债券增加得越多，银行以这些债券做抵押贷出

的金额也就越多，这意味着"岛上能够作为货币来使用的东西"总量也就越来越多。

◎ 以捶肩票为例，为别人捶肩的义务相当于债务，持有捶肩票的人拥有享受捶肩服务的权利，相当于债权。

◎ 债务和债权是同时产生的。债券是证明该券的持有者为债权人的券。

◎ 在本书中，把不涉及银行或政府的借贷所产生的债券称为"居民债券"。在现实生活中，除银行贷款或政府债券之外的公司债券，就相当于"居民债券"。

话说回来，不论是小岛上的流通货币"日元"，还是银行的存款存折，如果把它们当作"5 年后面包公司将返还 105 万日元的券（居民债券）"一样来考虑，就都可视作"债券"。

日元纸币 = 作为税金上缴国家，就可免受逮捕的券。

存款存折 = 可从银行获得与存折上数字相当的日元纸币的券。

当然，实际上，这三种债券在**强度（权威性）**上是存在区别的。

假设一只持有"5 年后面包公司将返还 105 万日元的券（居民债券）"的兔子，在 5 年后真的向面包公司要求："请付给我 105 万日元。"而这时，面包公司手头上并没有 105 万日元。

在这种情况下，面包公司可以向银行寻求帮助。

银行家在面包公司的存折上写下"105 万日元"（贷款）。接着，面包公司又以转账的方式将 105 万日元转到了兔子的存款账户上。到此，面包公司终于松了一口气。

和面包公司相反，这下轮到银行犯了难。兔子指着存折里的 105 万日元对银行说："请马上帮我取出 105 万日元，我需要现金。"而这时，银行的保险柜里恰好没有现金。

在这种情况下，银行可以向国家寻求帮助。

国家通知日元印钞部门印发 105 万日元，并将之交给银行。到此，银行终于也松了一口气。

如上所述，当债务人无法履行债券中规定的义务时，可以通过**"居民债券→存款存折（转账）→日元"**的顺序使用**"更权威的债券"**来获得帮助。

反之则行不通。

　　如果有人向银行要求"我要取 105 万日元"，而你给他一张
"5 年后面包公司将返还 105 万日元的券（居民债券）"，那他不会
接受。对于那些无法遵守约定去兑现的债券，任何人都没法感受
到价值。正是因为岛上有一条"不遵守居民债券中的约定者将受
到逮捕"的规则，才使"5 年后面包公司将返还 105 万日元的券
（居民债券）"拥有了价值。因此，**赋予"居民债券"价值的，本
质上仍然是国家的"逮捕权（暴力）"。**

　　正是因为一切都基于国家的"逮捕权（暴力）"，所以由国家发行的日元，理所当然地能够充当其他所有债券的支付手段。

◎ 对于银行来说，银行存款包括两层内容：一是银行的债务，即"对提取存款的要求给予现金交付的义务"。二是存款人的债权，即"随时都能以现金的方式提取存款的权利"，而能体现其债权的，便是存款存折（债券）。

◎ 国家通过发行日元（债券）来换取债务（国家收税且承担不会因为逃税而被逮捕的义务）。

◎ 需要履行债务（支付）时，可以按照"国家的流通货币→银行存款→民营债券"的顺序来为下一级提供帮助，但反之则行不通。"上位的债券可以用来支付下位的债务"的能力被称为"债务等级"或"债务金字塔"。

金融危机

在小岛上，货币的最大流通量由政府控制。为此，政府制定了多项规则。例如，"未经政府许可不得开办银行""银行可贷出的金额最高不超过 ×× 日元""只允许贷款给那些具有偿还能力的岛民"等。

但是，对于居民债券的发行量却没有任何限制。正因如此，有时会导致钻空子人出现，并引发严重的后果。

◎ 一方面，在日本，银行的信用创造（通过发放贷款，在存折上写上数字创造货币的行为）受到法律的严格限制。

◎ 另一方面，在民营机构创造新债务（公司债券等）方面，却基本上没有法律具体规定其发行量。

在遥远的大洋对岸，有一座叫作"亚美利坚"[①]的小岛。

亚美利坚岛上的岛民大部分都非常富裕。但是，岛上也有一些贫困的工人。贫困工人山猫们一直很想拥有自己的房子。然而，

———————————

① 作者此处指代的实际为"美国"。——译者注

想要建造房屋，必须去借多勒①。当山猫们找到银行家斑马并请求它借一些多勒时，银行家斑马冷冷地说："根据岛民规则的规定，不能把多勒借给有可能无法偿还的人。"工人们听到这句回答，感到非常失望。

经营证券公司的水獭目睹了这一场景，想到了一个"好主意"。于是，它找到山猫们，并对它们说："**我愿意借给你们 30 万多勒，你们可以用来买 30 万多勒的房子。不过，请你们一年还我 1 万多勒，分 35 年还清，一共返还我 35 万多勒。**"山猫们听到后，十分开心地收下了 30 万多勒，并在贷款合同上签了字。

山猫们的贷款合同（居民债券）上是这样写的："**35 年内可从山猫处收取每年 1 万多勒的券。当山猫无法支付时，则应变卖自己的房产进行还款。**"

经过上述程序后，证券公司的水獭支付了 30 万多勒，拿到了山猫的贷款合同。

之后，水獭又确定了所有物品的价值，然后去经营保险公司的青蛙处。水獭问道："山猫的这个贷款合同价值如何？"青蛙回答说："这真可以称得上一张安全可靠的 S 级兑换券。就算出现什么意外，山猫也会把房子卖掉还钱。"青蛙之所以这样回答，是因为亚美利坚岛上的房价一直在上涨，所以它认为应该不会有问题。但实际上，青蛙希望继续从水獭那里得到鉴定的工作，所以才夸大地说这份贷款合同是安全可靠的 S 级。

———————————

① 作者此处指代的实际为"美元"。——译者注

有了保险公司打的包票，证券商水獭充满了信心，并开始做起了下面的买卖：

"致每一位想要躺着赚多勒的您：有兴趣尝试一下购买山猫的贷款合同吗？将来能兑现 35 万多勒的兑换券，现在竟然只需要 31 万多勒就能到手。保险公司鉴定安全可靠性达到 S 级。非常安全哦！"

水獭开拓的新业务很快在认为"单纯把多勒存放在保险柜里是一种浪费"的岛民及公司间传开了。就这样，山猫们的贷款合同卖得越来越多，而水獭也成功地实现了"以 31 万多勒出售 30 万多勒买来的贷款合同，每份合同赚取 1 万多勒"。

◎ 山猫的贷款合同——以高利贷的住房贷款为原型。这种贷款主要针对信誉度较低的对象，被称为"次级抵押贷款"。

"这下可以大赚一把了！"水獭心里美滋滋的。不过，它能够获得的山猫借款合同数量也是有限的。于是，水獭决定，就算是那些穷得叮当响的，估计用尽所有办法也还是没办法按时按量偿还多勒的山猫们，也同意借给它们多勒。并且，和当初对待贫困的山猫一样，水獭也把从穷得叮当响的山猫们那里拿到的贷款合同卖了出去。不过，毕竟是穷得叮当响的"山猫的贷款合同"，没法称其为安全可靠，所以卖起来并不是那么容易。**于是，水獭动脑子想了一个歪主意，它把这些山猫的贷款合同混在"稳定的外汇""各类公司债券""各类公司股票"等宣传资料中，并放进同一个袋子里，然后将其命名为"针对初学者的投资合集"开始出售。**此外，想要继续从水獭那得到工作的保险商青蛙，仍然像之前一样，说这些山猫的贷款合同是"安全可靠的 S 级兑换券"。

实际上，亚美利坚岛的岛民规则（法律）确实规定，出售此类商品（股票、债券、票据、支票等的合集商品）时，销售人员必须对该商品进行详细说明。然而，**"针对初学者的投资合集"内容过于繁杂，就连销售人员自己也无法将之理解透彻。**但尽管如此，销售人员在售出合集前姑且还是把这份"难理解的说明书"诵读了一遍，所以从规则上看并不存在什么问题。如果销售人员都没有彻底弄明白，那么对客户而言自然更是复杂难懂。尽管如此，他们还是抱着"嗯……应该没事吧"的心态，买下了"针对初学者的投资合集"。

水獭的生意做得越来越风生水起。不论是购买了"针对初学者的投资合集"的顾客，还是开证券公司的水獭自己，包括银行家斑马、保险商青蛙，大家都赚了很多钱。因为持续大赚，所以岛内的经济也变得十分景气。其他的证券商纷纷开始效仿水獭做起了这种生意，岛上的经济状况变得更加景气了。

然而，山猫的贷款合同实际上并非安全资产。之所以在这样的前提下岛上还是景气了一段时间，根本原因在于亚美利坚岛上的房价出现了投机泡沫式的持续上涨。而在投机泡沫即将破灭前，房价开始下跌。**房价一旦开始下降，那么无法偿还贷款的山猫们即便卖掉房子，也得不到足够的多勒。**"山猫的贷款合同真的安全可靠吗？"这样的疑问和谣言开始在岛民之间蔓延开来。

看到这种情况，以水獭为代表的证券商们惊慌不已，大家都担心山猫的贷款合同价值暴跌。于是，它们急忙把手头上未售出的"针对初学者的投资合集"卖给了那些尚未听到谣言的岛民们。不久之后，可怕的事情发生了。持有山猫贷款合同的岛民们终于全都意识到了"山猫付不起多勒"。顿时，山猫的贷款合同价值暴跌。

大家纷纷抛售山猫的贷款合同，一时间山猫的贷款合同变成了没人想要的废纸。而"针对初学者的投资合集"也一样，再也没有人愿意出钱购买。

不仅如此，还有许多在不知情的状况下被推销了"针对初学者的投资合集"的公司，在这个过程中受到了毁灭性的打击。那些能够在最后一刻踩点售完"山猫的贷款合同"的证券商们倒是得救了，但还有很多证券商，其中甚至还有大型的证券公司因未能售完合同书而宣告破产。在这些大型证券公司中，有一个叫作"雷曼兄弟"的公司，以及持有"雷曼兄弟"股份和公司债券的人亏损了很多钱。

由于这一事件的影响，亚美利坚岛的经济受到了重创。不仅是那些购买了贷款合同的人，岛上的所有居民都蒙受了损失。受损赔钱的岛民们纷纷指责水獭和青蛙："你们要对出售危险商品负责！""还说是'安全可靠的 S 级'，全都是骗人的！"然而，**水獭却回答道："我们又没有违法。"**青蛙也回答说："**我个人确实认为它是安全可靠的 S 级啊。**"双方都拒绝为此事道歉。水獭和青蛙就这样大赚了一笔之后逃走了。

亚美利坚岛政府对这一事件进行了反思。从这以后，岛政府也开始认为，"对于'居民债券'，也应该认真地制定出相关的规则才行。"

◎ "针对初学者的投资合集"以抵押贷款支持证券（Mortgage-Backed Security，MBS）和债务抵押证券（Collateralized Debt Obligation，CDO）等为原型。

◎ 因为在这一系列事件中破产的最大的证券公司名为"雷曼兄弟"，所以由此引发的一系列大衰退在日本被称为"雷曼冲击"。

◎ 在这一系列事件中，证券公司的人们就是典型的钻空子人（明明对人类没有任何贡献，却钻了金融监管规则的空子大赚了一笔）。然而，毕竟他们没有违反法律，因此证券公司和信用评级机构等均未承担责任。

◎ 若不恰当地制定关于证券化、债券化的相关规则，类似的经济大衰退有可能还会爆发。

股票

债券同货币一样，拥有价值。不过，在 100 个岛民的小岛上，除了债券，还有其他拥有价值的券。

其中最具代表性的便是**股票，即证明持有者是公司所有者之一的凭证。**

◎ 债券、股票、商品券、票据、不动产证券等，均可统称为"有价证券"（证明其有价值的凭证）。

◎ 因为股票不像"捶肩票"那样存在对应的债务，也无法和某种物品进行兑换（没有偿付程序），所以股票不属于债券。

那么，股票是怎样发行的呢？

发明家熊猫想创建一家机器人制造公司。但是，它没有足够的资金。于是，它在小岛的公告栏上贴了一张广告。

"我将创建一家机器人制造公司，并将公司的所有权分成 100 股，每股 100 万日元。——熊猫"

看到公告栏的岛民问："我购买这些股票有什么好处吗？"

熊猫回答说：**"公司的经营方针将按照少数服从多数的原则，由持有股票的股东投票决定。每股一票。"**

"就只有这些吗？"

"持有股票的股东购买机器人时可享受优惠价。另外，我们还会不定期分配利润。"

听了这番话，岛上的居民们开始购买股票。

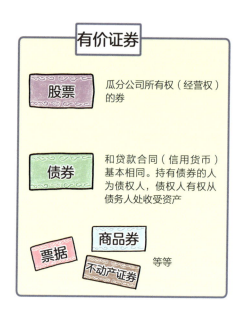

熊猫把其中的 60 股留给自己，并以 4000 万日元的价格卖掉了剩下的 40 股。

公司的经营方针，实际上能够由持有 60 股的熊猫全权决定。熊猫总经理使用 4000 万日元，开始研发生产高性能的机器人。

◎ 公司在需要资金来开展新业务，购买土地或设备时，可以通过三种方式来筹集资金：向银行贷款、发行公司债券、发行股票。

◎ 所谓"购买机器人时可享受优惠价，时常分发赚到的钱"，指的是股东分红。不过，即便没有股东分红，股票作为公司经营权的一部分，本身也具有价值。现实中也存在很多不分红的股票。无论是否有分红，股票的买卖均出于投机目的。

股份是公司所有权的组成部分，因此，当某公司业绩提高时，想要获得该公司股份的人就会增加，股票的售价也就越高。

相信熊猫制造的机器人一定会大卖的岛民们开始进行股票投机。它们时刻瞄准"低价时买进，高价时卖出"的时机，做起了买卖机器人制造公司股票的生意。

熊猫总经理刚开始看到这种情况时，时常因为"每股交易价达到 150 万日元""每股股价跌至 50 万日元"而心情一起一落。

但是后来它发现，"无论每只股票卖多少钱，都跟我没有关系呀！"

因为手握 60 股的熊猫总经理，在公司的经营管理会议中绝对可以以多数票获胜，因此，剩下的 40 股究竟由谁持有都没有关系。此外，这 40 股不论卖到多少钱，都不会有 1 日元进入机器人制造公司账户中。除非熊猫总经理想着"我不要再经营这家机器人制造公司了"，那么这时它手上的 60 股究竟可以卖多少钱就很重要，但只要熊猫总经理继续把公司开下去，其余 40 股的价格怎样变都不重要。

当每股价格降至 5 万日元时，员工狗对总经理说："现在股价太便宜了，公司有可能会被别人抢走啊……"熊猫总经理却回答道："我手上握着 60 股呢，我绝对不会把这些股票卖掉，所以不会有事儿的。"

后来，当股票价格涨到 1 股 500 万日元时，又有一个员工老虎对总经理说："如果我们现在发售新股，10 股就能得到 5000 万日元哦！"熊猫总经理听得两眼放光，"确实是啊！"如果发行 10

只新股，再把它们卖掉，就有 5000 万日元到手了。

这么做之后，其他岛民持有的股份变成了 50 只，而熊猫总经理持有的股份还是 60 只，在少数服从多数的投票中也并不会输。熊猫总经理立即着手准备发售 10 只新股。然而，这时员工狗站出来反对道：**"我持有公司的 20 股，老虎持有 19 股，如果新发售的股票被老虎买到 2 股，那么它持有的股票就比我多了。"** 员工狗一直想着，将来熊猫总经理退休时，如果能把股份出让给它，它就能当上总经理，因此它拼命确保自己的股份占优势。熊猫听了狗的这番话，决定放弃发售 10 只新股的计划。因为熊猫现在并没有遇到资金上的困扰，所以它不想因这件事和员工狗发生冲突。

◎ 一旦发售新股，不论股价还是持股率均会下降，因此股东并不喜欢。同时，新股发行必须得到股东的认可，因此极难实现。此外，它还会增加不愿看到新股发行的股东抛售所持股票，结果被其他企业恶意收购的风险。

◎ 因此，公司只有在进行（能够预见到丰厚利润的）设备投资时才会发售新股。当然，如果真的能够预见丰厚的利润，那么公司也可以直接采取向银行贷款的方法。

熊猫的机器人制造公司引发了全岛的股票发行热潮。

如今，在小岛上，热衷于股票投机的岛民达到了 90 人，而在这 90 个岛民中，有 30 个岛民甚至只靠投机就能够生活下去了。

这种情况对于岛屿整体而言自然是不利的。

公司以外的人买卖股票。

不论股价上涨还是下跌

① 公司被收购的难易程度不会改变

只要持有 50% 以上的股份就可以放心了。

② 筹集资金的顺畅程度不会改变

一般很少发售新股，因为我的持股率会下降。

③ 公司自身的资产内容不会改变

这和公司的利润没有什么关系吧？

公司　　总经理

说到底……只是所有权的转移

股票

在这座岛上，原本是由 100 个岛民分担任务，提供着所有人需要的食物、物资和服务。但是，如果 100 个岛民中有 30 个岛民只专注投机，那么为所有岛民创造食物、物资和服务的人数就会减少到 70 人。因为这 30 个岛民只是在那里买卖纸片，没有创造出任何东西。

比起只靠 70 个岛民拼命努力，100 个岛民一起努力更能为全岛带来繁荣，这是理所当然的。

◎ 也有一种正面的观点认为："投机者能够在防止股票市场和外汇市场出现急剧波动方面发挥作用，同时也能发挥金融上的中介作用。"但即便真的是这样，我们也没有理由非得把这些功能和角色交给自发的投机者。如果能够以国家主导的方式导入新的机制解决存在的问题，那就没关系。

理论解读

投机泡沫

所谓"投机"，指的是只关注价格，以获利为目的而进行买卖的行为。

而"以投机为目的，重复买卖土地、球茎等特定的商品，导致该商品价格的上涨速度大大超出经济增长的步伐，并逐步与实体经济（金额与具体的价值相符的经济活动）产生大幅度的背离，最终甚至依靠投机也无法支撑下去的状态"，就叫作"投机泡沫"。

从个人感觉来判断合理价格的方法是存在的。只要你问自己："如果这个东西将来是不能转售的，那么价格大概是多少我会买下它？"当然，说实在的，没有人会知道一件商品的合理价格究竟应该是多少。一个苹果售价 200 日元究竟合不合理，并没有一个明确的标准答案。**因此，人们的过度期待才会引发毫无根据的热潮，从而导致投机泡沫的发生。**

投机泡沫可能导致某种商品价格的上涨幅度大大超出必要的水平，也可能使它价格暴跌，导致经济大衰退。不仅如此，它还会催生出众多的钻空子人，有时还会导致社会贫富差距扩大。

这究竟是怎么一回事儿呢？接下来，我们就以日本的泡沫经济为例进行说明。

假设无业游民山田先生家里原本就有一块地。本来，那块地的售价应该在 100 万日元左右比较合理，但由于投机泡沫，山田先生最终在那块地涨到 10 亿日元的时刻成功售出。

就这样，尽管山田先生没有为人类做出任何贡献，也没有生产出任何东西，但他仍然成了一个拥有 10 亿日元的富翁。这个时候，社会上明明还有很多拿着最低标准的工资，通过护理、介护、保育等辛勤工作，为人类做着实质性贡献的人。山田先生之所以能够获得 10 亿日元，是因为国家系统存在缺陷。

尽管并非有意为之，但还是催生出了像山田先生这样钻有可能引发投机泡沫的国家系统漏洞，并从中获取暴利的钻空子人。

类似的现象至今仍在频繁发生。2021 年，由于新冠肺炎疫情的影响，实体经济整体处于低迷态势。然而，全球股市却仍在持续上涨，这极有可能导致投机泡沫的发生。

根据彭博亿万富翁指数（衡量富裕程度的指数），2021 年 11 月，美国电动汽车制造商特斯拉的 CEO 埃隆·马斯克的个人财富达到了前所未有的 3400 亿美元（约 38 万亿日元）。埃隆·马斯克的个人财富在 2021 年 7 月时约为 1800 亿美元（约 20 万亿日元）。他的财富在短短 4 个月的时间里涨幅如此巨大，是因为埃隆·马斯克持有的特斯拉股价暴涨。

在 4 个月的时间里，其资产增加了 18 万亿日元。无论埃隆·马斯克的工作多么优秀，这 18 万亿日元（相当于一个年收入 400 万日元的日本人工作 450 万年的收入）和他本人 4 个月的辛勤工作实在无法等价，可以说这完全就是由于投机泡沫而增加的数字。

　　类似的例子数不胜数。只要我们去查一查那些拥有天文数字资产的大富翁，就会发现很多的大富翁都有过所持的股票价值投机泡沫式地上涨，使个人资产暴增的情况。当然，这完全不是大富翁们的错，而是系统存在漏洞所导致的。

　　货币并非一种能够自我调节平衡的神圣元素。**若放任自由市场交易自行发展，往往容易出现投机泡沫，导致经济衰退、社会差距拉大。**

　　因此，政府及公共机构必须建立健全相关机制，如修改交易规则、要求中央银行干预、调整利率政策和税收制度等，从而防范投机泡沫的出现。

　　此外，人们也在围绕"投机者的存在是否有必要？若禁止投机，将会产生什么结果？"展开争论。这个争论难度空前。有观点认为："仅仅关注价格来进行买卖的投机者，在发挥金融市场的流动性上扮演了中介的角色。"

　　也有观点认为："在现行的规则设计中，这一角色的扮演者只是碰巧最终落到了投机者头上，而并非必须靠投机者承担这一角色。考虑到投机泡沫等弊端，还是不要有投机者存在更好。"对该问题的争论尚未得出结论，希望各位读者也就此展开思考。

　　不过，至少可以明确的是，因为确实存在投机泡沫等问题，所以必须通过制定法律法规等方式，建立起控制投机的相关机制。

加密资产

近年来，加密资产（虚拟货币）开始流行。虽然被冠以"货币"之名，但它并不像日元那样具有"作为税金缴纳"的用途（偿付程序），因此，它并非一种信用货币（债券），而只是一种商品（资产）。此外，即使是商品货币，盐可以用来做饭，纯金可以用于工业制造，但加密资产却没有类似的最终用途。

加密资产被解释为一种"必须通过计算机破解复杂难懂的密码才能获得的东西，因此也是极其稀少的、具有价值的东西"。但实际上，"稀少"并不能构成拥有价值的理由。这就好比我尽心竭力在签名彩纸板上把圆周率写到了小数点之后 1 万位，这块彩纸板确实是世界唯一的稀有之物，但它却没有价值。

加密资产被赋予高价，基本上都是投机的结果。

假设在这一刻诞生了一种叫作"比比比特币"的新款加密资产。比比比特币除了用来观赏之外并没有其他用途。那么，除了出于投机的目的，也就是觉得"将来它的价格也许会上涨，我也许能从中获利"而买下它外，还会有其他理由促使你去购买这种虚拟货币吗？**如果真的有人觉得"即使有《反投机法》，售价×× 日元的话我还是想买这种币"，那么，这个 ×× 日元才是比比比特币对于那个人而言的合理价格。**

当下，之所以加密资产在全世界都拥有价值，是因为某些名人对此发表过言论："下一个时代将是加密资产的时代。加密资产的价格还会继续上涨，或许还能逐渐流通使用。"于是，对此深信不疑的人们便开始了投机行为。除此之外，另外一个重要的原因是，因为它是一种新概念，所以尚未有相应的法律能够对之加以监管。

证券化（债券化）

在第二章中，为了优先追求简单易懂，我们以债券一定会伴随着债务及债权一起诞生为假设展开说明。但实际上，债券的诞生还需要一道被称为"证券化"的程序。

例如，当太郎先生向花子小姐借款 100 万日元时，一般会产生"债务：太郎有义务归还 100 万日元"和"债权：花子有权利获得 100 万日元"。

在这个过程中，只有当我们把花子的债权以证书的形式——"债券：可从太郎处获得 100 万日元的券"发行出来时，债券才能诞生。这道程序被称为"证券化"。

"证券化"完成后，我们就可以将其作为信用货币便捷地进行交易了。

通过成功买卖证券化的债券并从中获利的行为，便是证券化业务。

日元的发行量由国家控制。民营银行信用创造的额度也通过《银行法》等受到国家的严格限制。

然而，尽管证券化（债券化）也是一种创造信用货币的行为，却基本不受国家限制。

自 20 世纪 70 年代以来，证券化业务就一直在急速发展，但至今仍未出台相关的法律。正因如此才导致了 2008 年证券化业务失控后的"雷曼冲击"，致使全球经济都陷入大衰退。

雷曼冲击的爆发，是由于钻空子人抓住了规则的漏洞，对那些明知道没有还款能力的人提供贷款，并进一步将其债券化，之后大肆出售这类债券造成的。

雷曼冲击之后，制造业等支撑着实体经济的众多企业遭受了重大的损失。很多人因此失业，消费停滞不前，这对人类造成了巨大的负面影响。另外，也有很多证券公司的员工把所有能赚的钱都赚了，最终却还毫发无损，逃之夭夭。

结果，受害者全是穷人和中产阶级。失业者不计其数，600 万人无家可归。据说，美国政府承担的次级住房抵押贷款的相关损失总额达到了 1 万亿美元。

最终，政府通过发行货币救助了那些陷入资不抵债的泥潭的人们。但换句话说，这也意味着有的证券商在这次冲击中获得的资产，达到政府发行的货币之多。

当时，证券公司为了自己的利益，把几乎可以确定会亏损的商品出售给了那些没有太多金融知识的人们。即使知道这是一种不良行为，但还是为了眼前利益不断售出商品。

然而，正如本文多次提到的，钻空子人只是在法律范围之内采取了一种可以将利益最大化的手段，所以并不仅仅是他们对这一事件负有重大责任。最根本的原因还是政府的宽松机制允许钻空子人存在。事实上，美国证券交易委员会和艾伦·格林斯潘

（Alan Greenspan，时任美联储主席，美联储为美国的中央银行）都承认了错误，称"政府存在错误监管以及宽松监管"。

与其要求每一个人都遵守道德规范，不如完善国家系统，让大家压根就不会产生要去做不道德行为的想法，这才是更加重要的。

随着互联网的发展，再加上金融市场自发的急速扩张，使金融市场存在着诸多法律法规尚未触及之处，规则漏洞百出。即使不断地增加法规，随着科技的发展，又会不断地催生出如同"加密资产"这样的新型金融商品。因此，"规则修改与钻空子人"的黄鼠狼游戏①仍会持续下去。

尽管如此，我们也不应该放弃对"根据工作量（贡献度）获得相应合理收入的系统"的追求，人类今后也将继续对金融商务规则展开填补漏洞的行动。

---

① 日本江户时代流行的儿童游戏。两人为一组，大家一边说着"黄鼠狼游戏，老鼠游戏"一边去捏对方的手背，被捏者又用另一只手去捏对方的手背，如此循环反复。现比喻双方无休止地重复着同一件事情，且问题一直得不到解决。——译者注

6

贸易与汇兑

开展贸易（不存在货币的情况下）

此处有两座小岛，一座叫作霓虹岛，一座叫作亚美利坚岛。

两座小岛上都拥有政府，也有农民、手工艺人、服务业工作者和公务员。两座小岛彼此不知道另一座岛屿的存在。

然而，有一天，亚美利坚岛的岛民乘船抵达了霓虹岛。从此以后，两座岛上的人们开始有了交流。一个亚美利坚岛的岛民看到霓虹岛岛民穿着的 T 恤，非常想要。一次偶然的机会，一个霓虹岛上的岛民看到亚美利坚岛岛民身上穿着的 T 恤，也非常想要。于是，这两个人决定相互交换 T 恤。这种交换，便称为"贸易"。

◎ 一国与另一国之间进行的商品交易被称为"贸易"。

接下来，就让我们谈一谈外汇交易（国与国之间的货币交易）的相关话题。**如果两座小岛上都还没有货币，那么双方要怎样进行贸易呢？**

以交换 T 恤为契机，霓虹岛和亚美利坚岛关系变得亲密起来。**随着两座小岛开始互动交流，各自岛内出现了"想要对方岛屿上的食物、物资和服务"的岛民。**

例如，霓虹岛上出现了想要亚美利坚岛生产的智能手机、药品、小麦等的岛民，而亚美利坚岛上则出现了想要霓虹岛生产的小型汽车、游戏机、寿司等的岛民。

为了更加易于理解，我们在这里把霓虹岛上生产的所有食物、物资和服务，统一用"霓虹车"一词来概括。而亚美利坚岛上生产的所有食物、物资和服务，则统称为"亚美车"。

霓虹岛 100 人　　　　　　　亚美利坚岛 100 人

两座岛上分别有好几个人"想要对方岛屿上生产的东西"。如果再加上那些觉得"如果不需要大费周折就能得到的话，我也想要"的人，那么可以说两座岛上几乎所有的人都想要对方岛屿生产的东西。于是，两岛的代表进行了商谈。最后，双方一致同意，"让对彼此有需求的岛民们都站出来，进行'霓虹车'和'亚美车'的交换吧"！

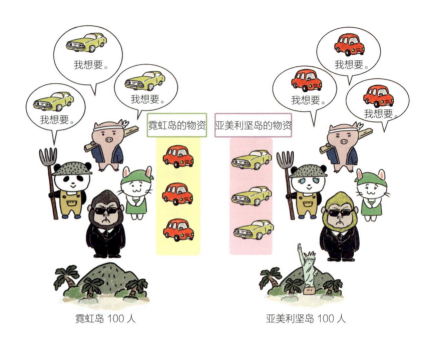

如果两座岛屿能够以上述方式进行友好交流，那么双方就能以彼此都可以接受的条件，成功实现对所求物品的交换。

接着，两座岛屿上的需求者们都站出来了。霓虹岛上有些岛民觉得"能接受 1 辆霓虹车换 2 辆亚美车"，而亚美利坚岛上有些岛民则觉得"要是能用 3 辆霓虹车和 1 辆亚美车交换，那我就同意"。在这样的情况下，霓虹车和亚美车究竟分别应该按照多少辆的比率（汇率）去交换呢？

我们可以用下列的方法去决定。

假设霓虹岛上的 100 个岛民当中，有"想要亚美车"的需求者现在有 15 人。其中：

1 个人认为，可以接受 3 辆霓虹车换 1 辆亚美车；

2个人认为，可以接受2辆霓虹车换1辆亚美车；

3个人认为，可以接受1辆霓虹车换1辆亚美车；

4个人认为，可以接受1辆霓虹车换2辆亚美车；

5个人认为，可以接受1辆霓虹车换3辆亚美车。

不言而喻，越接近"我方多拿出一些霓虹车也没关系"的观点，同意的人就会越少，而越接近"我方出的霓虹车更少的话就行"的观点，同意的人就会越多。

然后，亚美利坚岛的情况自然恰好与之相反。假设亚美利坚岛上的100个岛民当中，觉得"想要霓虹车"的需求者也有15人。其中：

1个人认为，可以接受3辆亚美车换1辆霓虹车；

2个人认为，可以接受2辆亚美车换1辆霓虹车；

3个人认为，可以接受1辆亚美车换1辆霓虹车；

4个人认为，可以接受1辆亚美车换2辆霓虹车；

5个人认为，可以接受1辆亚美车换3辆霓虹车。

基于以上情况，当向两岛的需求者问道："有没有人愿意用1辆霓虹车和3辆亚美车交换？"这时，霓虹岛的15个岛民举了手，而亚美利坚岛只有1个岛民举手。

"霓虹15"对"亚美利坚1"，这是过于偏向对霓虹岛有利的交换条件。接着，当问道："那有没有人愿意用2辆霓虹车和1辆亚美车交换？"结果有3个霓虹岛岛民举手，亚美利坚岛举手的有10个岛民。"霓虹3"对"亚美利坚10"，这次似乎又偏向于对亚美利坚岛有利。

通过上述不断地调整，当向大家问"有没有人愿意用 1 辆霓虹车换 1 辆亚美车"时，**霓虹岛和亚美利坚岛恰好分别有 6 个岛民举手，因此总算可以友好地交换了**。就这样，交换汇率被确定为"霓虹车 1 辆 = 亚美利坚车 1 辆"。

汇率确定

开展贸易（存在货币的情况下）

那么，在有货币存在的情况下，又会是怎样一种情形呢？

在这里，我们就需要霓虹岛的流通货币日元，以及亚美利坚岛的流通货币多勒登场了。同样，我们还是假设霓虹岛上"想要亚美车"的岛民和亚美利坚岛上"想要霓虹车"的岛民人数完全相同（日元和多勒只不过是衡量价值的一种标准而已，所以不论它们存不存在，大家想要某种物品的"需求性"本身并不会改变）。

100 人的亚美利坚岛

因此，和上一节的情况一样，按照"1 辆霓虹车 =1 辆亚美车"来交换恰到好处。

然后，在霓虹岛上，1 辆霓虹车现在的售价是 100 日元。而在亚美利坚岛上，1 辆亚美车的现价则是 1 多勒。

在上述前提下，如果 1 辆霓虹车和 1 辆亚美车交换恰好合适，那么就意味着 100 日元和 1 多勒（汇率）交换也是恰好合适的。

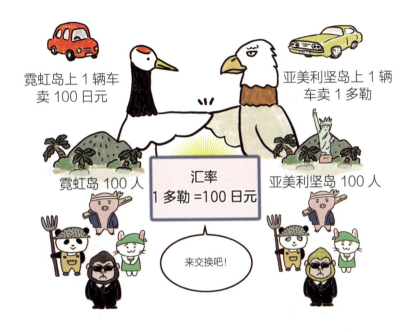

霓虹岛上 1 辆车卖 100 日元

亚美利坚岛上 1 辆车卖 1 多勒

霓虹岛 100 人

亚美利坚岛 100 人

汇率
1 多勒 =100 日元

来交换吧！

◎ 当然，此处假设的前提是没有人出于获取利息或以投机为目的来进行货币交换。

为了简单易懂，本书将两岛相互需要的东西统称为"霓虹车"和"亚美车"，但实际上，每个人想要的"对方岛屿上的食物、物资和服务"各不相同。

但是，如果想要亚美利坚岛智能手机的岛民，与想要霓虹岛的寿司和手办的岛民一一商量，一部智能手机究竟需要用多少个寿司和手办去交换才算恰到好处，那么需要花费的时间就太多了。

但是，一旦有了日元和多勒，那就十分简单了。

货币是一种"能够在不同的价值之间发挥媒介作用的，十分便利、省时的元素"。

只要使用日元和多勒，即便想要的东西各不相同，也能便捷地进行交换

100 多勒   1 万日元

汇率的变化形式

"100 日元 =1 多勒"，这样的交换比率（汇率）会随着彼此岛屿上物资及服务的质量、稀缺程度的不同而不断发生改变。

例如，当霓虹车的质量提高时，想要霓虹车的人也会随之增加。

因此，原本是"1 辆霓虹车换 1 辆亚美车"的交换条件，就会变成"1 辆霓虹车换 2 辆亚美车""1 辆霓虹车换 3 辆亚美车"……而汇率也会相应变为"100 日元 =2 多勒""100 日元 =3 多勒"等。

另外，如果亚美车的数量减少，那么觉得"可以用亚美车去交换"的亚美利坚人也会减少。

这么一来，就会变成"2 辆霓虹车换 1 辆亚美车""3 辆霓虹车换 1 辆亚美车"……相应地，汇率也会变成"200 日元 =1 多勒""300 日元 =1 多勒"等。

如上所述，随着"想要对方岛屿产品的情感"和"觉得用本岛的产品去交换也行的情感"的改变，两岛之间的交换条件也会发生改变。

运用货币这一便利的元素，**以数字的形式将上述动态变化表现出来**，便是日元和多勒之间的交换比率（汇率）。

◎ 以 100 日元 =1 美元 → 2 美元 → 3 美元等为趋势的变化，体现出 100 日元价值的上涨，因此被称为"日元升值"或"美元贬值"，而以 1 美元 =100 日元 → 200 日元 → 300 日元等为趋势的变化，则体现了 1 美元价值的上涨，因此被称为"美元升值"或"日元贬值"。

除了"想要对方岛屿产品的情感"和"觉得用本岛的产品去交换也行的情感"，还有一个因素会导致交换比率发生改变。

那就是物价变动。

假设霓虹岛正处于物价上升（通货膨胀）时期，去年只需要 100 日元 1 辆的霓虹车，今年卖到了 1 辆 120 日元。

这时，交换比率会发生怎样的改变呢？

假设去年双方都觉得恰到好处的交换是 1 辆霓虹车 =1 辆亚美车（100 日元 =1 多勒）。今年，霓虹车和亚美车不论在质量上、数量上，还是霓虹岛民和亚美利坚岛民的需求度上，都没有发生任何改变，那就意味着 1 辆霓虹车 =1 辆亚美车（100 日元 =1 多勒）这一恰到好处的交换条件也不会发生变化。

不过，因为两座岛上车的售价变成了"1 辆霓虹车 120 日元"和"1 辆亚美车 1 美元"，所以交换比率也会变为"120 日元 =1 多勒"。

◎ 上述所举之例只是物价发生小变动的情况，并且不存在想要进行货币交换的人。而在现实世界中，以获取利息和投机等为目的而引发的通货需求变化，会使汇率产生极大的波动。

在这个世界的某座无人岛上，建有一个叫作外汇市场的场所，所有岛屿的银行代表都聚集在这里，所有岛屿的流通货币都在这里进行交易。他们是这样确定汇率的：一位想要交易的银行家发言："我想用手上的100亿日元和多勒进行交换，交换比率是1多勒=101日元，怎么样？"这时，想要以该条件进行交换的银行家就会举手。

一旦成交，那么最新的汇率就会变为"1多勒=101日元"。

但若没有人举手，该银行家要么放弃本次交易，要么就不断改变交换比率："1多勒=102日元怎么样？"直到举手的人出现。

在外汇市场上，汇率就是这样确定的。

虽然银行是代表整个岛屿参与交易的，并且全世界的岛屿是同时进行交易的，但它们的交易过程和霓虹岛及亚美利坚岛的两岛交易基本相同。

说到底，**是因为不同岛屿上的食物、物资和服务的岛民在各个岛屿上进行着各方都觉得恰到好处的交换。**

外汇市场

现在的汇率　1 多勒 =101 日元

我想用手上的 100 亿日元和多勒进行交换，汇率是 1 多勒 =101 日元。

现在的汇率　1 多勒 =102 日元

如果汇率改为 1 多勒 =102 日元怎么样?

我愿意!

◎ 外汇市场分为两种类型：一种是银行与企业、个人等进行

货币买卖（外汇交易）的"顾客市场"；另一种是银行之间进行外汇交易的"银行间外汇市场"。

◎ 位于机场等地的小规模外币兑换处，实行"固定汇率"兑换。这些场所进行的小额交易基本上不会对汇率造成影响，因此汇率的设定亦是在参考外汇市场的基础上每隔一定的时间设定一次。当然，尽管兑换处的公告牌上写着"100 日元 =1 美元"，也并不意味着 1 万亿日元也能以该汇率进行兑换。因为即使你带着 1 万亿日元去兑换处，那里也没有那么多美元，只能拒绝兑换。如果真的想兑换 1 万亿日元，就只能在外汇市场寻找可以和自己进行兑换的对象。

在全球性的货币交易所——外汇市场上，霓虹岛的流通货币日元在什么样的情况下价值会上涨（日元升值）呢？

除去各岛上物价变动（1 辆霓虹车 100 日元涨到 120 日元等）的情况，使日元升值的因素有以下三种。

①霓虹岛的商品在海外畅销时。

例如，当霓虹汽车公司生产的霓虹车在亚美利坚岛上销售时，亚美利坚岛民将使用多勒进行支付。但是，霓虹汽车公司的工作人员是在霓虹岛上工作的，所以必须用日元来支付他们的工资。于是，霓虹汽车公司就会在外汇市场上提出要求："请把这些多勒兑换成日元。"兑换日元的情况越多，日元升值的趋向越明显。

外汇市场上日元价值上升的情况①

因为要给员工发工资，所以我想把多勒兑换成日元。

真的超级想要霓虹岛的商品。

霓虹岛的商品在海外畅销时

②霓虹岛的政治稳定时。

希望局势稳定的人会购买日元。当一座岛屿局势不稳时，身处该岛上的富翁就算持有大量本岛货币也会感到不安，担心"某一天政府会不会倒台，我手里的钱会不会变成废纸"。因为流通货币的价值全靠政府对"未将货币作为税金缴纳的人进行逮捕的权力"为后盾。因此，当世界各国人普遍认为"霓虹岛和平稳定，换成日元就放心了"时，日元就会出现升值的趋势。

外汇市场上日元价值上升的情况②

和平

因为和平稳定，所以换成日元我就放心了。

富翁

霓虹岛的政治稳定时

③预测持有日元有利可图时。

其他岛屿上认为"霓虹岛很棒，霓虹岛生产的商品今后一定会更加畅销"的岛民，会根据情况①估计日元将会升值。于是，他们会提前购入日元，待到日元升值时，再换回原本的货币便可获利。在这种情况下，要求把货币兑换成日元的声音就会增多，日元升值的倾向也会增加。

此外，各个岛屿的货币利率也会因为货币升值产生影响。当日元存在霓虹岛银行的利率比欧罗存在伊优银行的利率高时，大家就会认为兑换成日元存在银行更能获利，因此也会出现日元升

外汇市场上日元价值上升的情况③

霓虹岛的技术发展真是惊人！

持有日元一定能赚钱。

霓虹岛的商品今后会更加畅销吧。

投资家们

预测持有日元有利可图时

值的倾向。

　　虽然有各种各样的影响因素，但**基本上霓虹岛和平稳定，以及霓虹岛能够生产出大家想要的优质商品时，想要日元的人就会增加，日元也会随之升值。**

　　◎ 津巴布韦发生恶性通货膨胀时，津巴布韦元在外汇市场上的价值也随之暴跌。因为津巴布韦国内物资短缺，所以用津巴布韦元买不到任何东西。人们对津巴布韦政府失去信任，其国内治安状况亦不断恶化。因此，当时基本上没有外国人想要津巴布韦元。

通货发行如何影响外汇

霓虹岛政府有权请日元印刷部门印制日元。若日元印制量增加，自然会影响到"日元与多勒之间的交换比率（汇率）"。

让我们来一起思考一下如果霓虹岛大量发行日元会发生什么情况吧。

假设现在霓虹岛上的 100 个岛民每人年收入为 1 万日元，每年缴纳 1000 日元的税金。并且，每个岛民都拥有 3 辆霓虹车和 10 万日元的资产。此时的物价为 1 辆霓虹车 100 日元。

有一天，霓虹岛政府突然宣布："今后每年将会给每个岛民发 100 亿日元。此外，每年的需缴纳的税金为 10 亿日元。"这么一来，每个人的资产就会出现急剧暴增。并且，由于税收制度也发生改变，物价也会出现极度上涨。

当所有人都拥有 100 亿日元的时候，自然就不会再有人还按照以往的价格，即 1 辆霓虹车只卖 100 日元了。最终，霓虹车的价格涨到了 1 亿日元（通货膨胀）。我们假设此时霓虹岛上的 100 个岛民还是拥有同样的资产，每个人都拥有 3 辆霓虹车和 100 亿日元。

那么，日元和多勒之间的汇率会发生什么变化呢？现在，分别位于两座岛屿上霓虹车的数量及质量、亚美车的数量及质量、想要霓虹车的人数、想要亚美车的人数都相同，发生改变的只是1 辆霓虹车由原先的 100 日元涨到了 1 亿日元。

"1 辆霓虹车换 1 辆亚美车"仍然作为恰到好处的交换条件，没有发生改变。霓虹车 =1 亿日元，亚美车 =1 多勒。在这样的条件下，**汇率也理应变为"1 亿日元 =1 多勒"**。

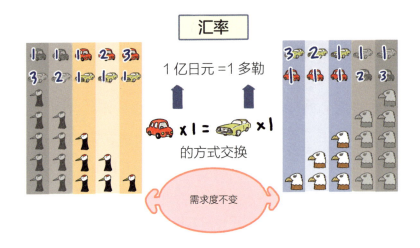

然而，事情并没有就此结束。如此突然的物价变动，对霓虹岛的政府信用造成了影响。

亚美利坚岛的岛民为此愤怒不已："我去年还特意用 1 万多勒换了 100 万日元回来。现在 100 万日元什么都买不起了！"甚至还出现了对日元失望的人："竟然突然把物价提高了 100 万倍！由这样的政府发行的货币也真是太吓人了，我今后再也不会兑换日元了。"

在这一系列因素的影响下，原本应该稳定在"1 亿日元 =1 多勒"的交换比率，也许会进一步恶化成"5 亿日元 =1 多勒"。

这就是一种"海外对日元（发行主体为霓虹岛政府）的信任度下降"的状态。当信任度下降时，不仅会对交换比率（汇率）造成负面影响，处理不慎还可能引发双方冲突，甚至会给两岛之间的交流互动画上终止符。

但尽管如此，日元也不会因此变得一文不值。这是因为霓虹岛的岛民不用日元来缴税就会受到逮捕。

即使日元对世界上的其他岛屿来说都失去了价值，但对于霓虹岛岛民来说，它依然拥有价值。

此外，只要两岛之间的交流能够维系下去，"霓虹车"仍然保持着高质量，并且是亚美利坚岛民想要得到的东西，那么就算站在亚美利坚岛的立场上来看，日元的价值也不会归零。

经过一段时间之后，亚美利坚岛民们的怒火也逐渐平息。

亚美利坚岛民们议论纷纷："霓虹岛政府突然发放 100 亿日元的时候我真是被吓坏了。""霓虹岛政府好像也在自我检讨，说'不会再做出这种荒唐的事儿了'，应该没问题了吧。"随着亚美利坚岛对日本政府的信任度不断恢复，汇率也不知不觉地恢复到了"1 亿日元 =1 多勒"的稳定状态。

不论发行多大规模的货币，只要霓虹岛所生产的商品和服务的质量不变，以税收的形式赋予日元价值的霓虹岛政府还存在，日元就会继续存在下去。

◎ 若突然发行巨额数量的货币，必然会对汇率造成较大影

响。但即便如此，只要日本这个国家不崩溃，日元的价值就不会
化为零。

◎ 现实中的日本也在持续发行着货币（国债累计发行量约为
1000万亿日元，其中约500万亿由日本银行持有），虽然数额巨
大，但这是经年累月慢慢发行的总量，因此不会造成什么问题。

◎ 实际上，进出口、关税等规则的变更，以及以获利为目的
的投资（投机）等，才是对汇率造成影响的主要因素。

发行日元，霓虹岛能从亚美利坚岛处获益吗？发行多勒，亚
美利坚岛又能不能从霓虹岛获益呢？

接下来，就让我们通过霓虹岛和亚美利坚岛之间的交流互动，
来思考一下**"霓虹岛是否能够通过发行日元受益"**。

在亚美利坚岛上，有一家世界一流的公司"GAFA"。"GAFA"
公司的所有权被分成100个股份，每1股可代表1票，公司的经
营方针通过投票中的多数票来决定。

比如，要是有一个岛民拥有超过51股的股份，那么他一定能够
在投票中获胜，也就相当于世界一流的"GAFA"公司归他所属了。

霓虹岛上的大象注意到了这一点，于是便说道："霓虹岛上的
日元印刷部门想发行多少日元就能发行多少。那我们为什么不发
行大量的日元，买下'GAFA'的51股呢？这样一来，我们就能
把'GAFA'抢过来了。"长颈鹿听到后回答说："要真想这么做也
不是不可以，但是还得先解决4道难关呢。"

①需大量购买多勒，可能导致极度的日元贬值。

由于"GAFA"股票只能用多勒购买，所以必须通过外汇市场购入上万亿的多勒，这就意味着我方需要准备大量的日元。并且，购入的多勒越多，日元会随之贬值得越厉害。1 多勒 =100 日元，后涨至 200 日元，再升至 300 日元……

②股东或许不愿意出售股票。

无论我们出多少钱，只要"GAFA"的股东说不卖，我们就买不到股票。如果"GAFA"的总经理是单独持有 51% 以上的股份，那么只要他说不卖，我们就是无计可施的。即使总经理未持有超过 51% 的公司股份，面对一个声称"我要把你给收购了"的人，各个股东也一定会奋力抵制。想要买下 51% 的股份，必定需要大量的多勒。

③霓虹岛上的超一流公司有可能反过来被收购。

为了获取足够的多勒去收购亚美利坚岛上价值不菲的"GAFA"公司，就必须在外汇市场上投入大量的日元。这同时意味着亚美利坚岛也将获得大量的日元，这足以让其反过来收购霓虹岛的大型企业。

④即使收购成功，也未必有能力去经营。

就算收购成功，但首先"GAFA"的公司大楼仍在亚美利坚岛上，其员工也都是亚美利坚岛的居民。即使突然来了一个霓虹岛的管理者对他们说："我们已经把'GAFA'收购了"，也不能保证这些员工会一如既往地为霓虹岛人工作。这些姑且不说，当霓虹岛人向他人炫耀"我们已经通过发行日元把'GAFA'给买下来了！""怎么样？不错吧！你看看这 51 股！"时，亚美利坚岛政府早就被激怒了。如果亚美利坚岛政府一怒之下宣布称："亚美利坚岛规定，'其他岛政府进行恶意收购时购买的股券无效'。并且，本岛决定今后不再与霓虹岛进行交往。"那事情就无法挽回了。因为亚美利坚岛的规则是由亚美利坚岛政府制定的。

听完长颈鹿的这番话，大象决定取消"GAFA"的收购计划。

外汇交易和贸易等，只有在岛与岛之间拥有良好关系时才得以成立。

不论办成了多大一件事，如果这件事与对方政府的信任程度背道而驰，那终究不会得到什么好处。

◎ 中央银行过度干预外汇的行为被称为"公共干预"。在国际上，这种行为被视为"不良行为"。为了杜绝公共干预，国际货币基金组织等机构一直在开展严格的监控。

关税

霓虹岛和亚美利坚岛开始交流后，大家一边进行着日元和多勒之间的交换，一边购买着彼此国家的产品。

有一天，霓虹岛上的农民说："亚美利坚岛上的芋头又便宜又好吃，搞得霓虹岛生产的芋头都不好卖了。"

这时，在霓虹岛的商店里，芋头的售价是这样的：亚美利坚产芋头售价为 50 日元，日本产芋头售价为 100 日元。

与霓虹岛相比，亚美利坚岛的土地及气候更适合种植芋头，所以它更容易种出美味的芋头。

但如果照这样发展下去，霓虹岛上的农民可能会想："光靠芋头种植没法谋生，还是换一份工作吧。"久而久之，霓虹岛上可能就不再有芋头种植户了，日本产芋头也将消失。

霓虹岛政府想："这样下去可是个大问题。"

为什么会成为一个大问题呢？这是因为万一霓虹岛和亚美利坚岛起了冲突，亚美利坚岛可能会说："我们不要再和霓虹岛交往了。"又或者某一年亚美利坚岛上的芋头收成不好，亚美利坚岛也可能会说："今年的芋头只够亚美利坚岛岛民的份，没法再卖给你们霓虹岛了。"这时芋头再从霓虹岛上消失的话，霓虹岛民就只能饿死了。

于是，霓虹岛政府制定了一条新的规则："**把亚美利坚岛产的芋头带入霓虹岛的人，请向政府缴纳 1 个芋头 100 日元的带入费。**"

在这条规则的影响下，霓虹岛上卖亚美利坚产芋头的人就会想："1 个芋头要 100 日元的带入费，那么每个芋头至少要卖 100 日元，不然肯定就亏了。"于是便将亚美利坚产芋头的价格提高到了 150 日元。

随着亚美利坚产芋头价格的提高，日本产芋头的销路也开始慢慢好转，霓虹岛上的农民们终于松了一口气："太好了！这样的话我就能继续做芋头种植户了。"

另外，亚美利坚岛上也出现了类似的问题。和亚美利坚岛生产的汽车相比，霓虹岛的汽车价格便宜，性能也很好。**如果不加以干预，亚美利坚岛上就没有工匠再愿意从事汽车制造的工作了。因此，亚美利坚岛也对霓虹岛产的汽车设置了"带入费"。**

◎ 带入费＝关税。在现实生活中，国家对各种各样的进口商品都设置了关税。

◎ 自由贸易协定（TPP 等）一直主张取消所有的关税。自由贸易协定取消所有关税的理念是基于"让擅长制造某种产品的国家生产这种优势产品，效率会更高""自由地开展贸易，货币会自动地形成一种良好的形态"的认识。但是，自由贸易协定本身还存在诸多的课题亟待解决，如"让每个国家进行各自的特殊化生产是否真的能更有效率？""尚未有明确规定各国擅自退出协定时应受何种处罚"等。

何为浮动（固定）汇率制度

霓虹岛和亚美利坚岛之间日元和多勒的交换比率，会随着两岛居民对彼此岛屿商品的需求程度变化而不断发生变化。

然而，同样和亚美利坚岛保持着交往关系的另一座岛屿却不同，它就是使用卢布作为流通货币的"露西亚岛"①。露西亚岛政府称："汇率频繁变动让人感到不便，所以我们希望无论发生什么情况，都将汇率固定在'1 卢布 =1 多勒'。"那么，露西亚岛政府是怎样将汇率固定在"1 卢布 =1 多勒"的呢？

◎ 我们通常将汇率不固定的制度称为"浮动汇率制"，将汇率固定的制度称为"固定汇率制"。

露西亚岛是一座盛产石油的岛屿。在露西亚岛上，1 升石油的售价是 1 卢布。在亚美利坚岛上，1 辆亚美车（亚美利坚岛上所有的粮食、物资和服务的统称）的售价是 1 多勒。在这里，我们假设这个定价不会发生改变。

露西亚岛决定将汇率固定在"1 卢布 =1 多勒"。但是，这只

① 作者此处指代的是"俄罗斯"。——译者注

是露西亚岛单方面决定的，亚美利坚岛方面对此并不配合。于是，露西亚岛想出了一个办法，那就是在露西亚政府中设置一个"固定汇率员"的职务，负责管理装着大量多勒的保险柜，露西亚岛上的牛担任起了这一角色。

当亚美利坚岛的岛民想要石油且露西亚岛的岛民想要亚美车时，汇率就是"1卢布＝1多勒"。但是，如果露西亚岛的岛民想要亚美车，但亚美利坚岛的岛民却对石油没有需求时，想要获得卢布用于购买石油的亚美利坚岛民数量就会减少，交换比率就会逐步出现"2卢布＝1多勒""3卢布＝1多勒"等的趋势，也就是"卢布贬值"。

这时，身为固定汇率员的牛出场了。牛从保险柜中取出多勒，进入外汇市场，说："**我想买露西亚岛产的石油，请把我手上的多勒兑换成卢布。**"实际上，牛并不是真的想要石油，它这么说只是为了实现固定汇率。由于外汇市场里牛的加入，卢布的需求量增多，卢布的价值也随之提高，汇率也就慢慢地向"1 卢布 =1 多勒"靠近。

相反，当露西亚岛的岛民对"亚美车"没有需求，而亚美利坚岛的居民又想要石油的时候，露西亚岛的岛民不需要去购买多勒，因此汇率也会变成"1 卢布 =2 多勒""1 卢布 =3 多勒"，从而逐渐形成"卢布升值"的趋势。

这时，固定汇率员牛又要登场了。这次，牛带着露西亚岛上印制的卢布进入外汇市场，说："我想要亚美车……请把我的卢布兑换成多勒吧。"随着牛的加入，外汇市场上"多勒"的需求量增多，卢布也逐渐贬值，最终又慢慢向"1 卢布 =1 多勒"的汇率靠拢。

虽然有点麻烦，但**通过让固定汇率员牛进入外汇市场，露西亚岛总算成功地把汇率固定在了"1 卢布 =1 多勒"。**

然而，这种方法只在一段时期内奏效，后来它们遇到了一个问题。

有一天，亚美利坚岛方面称："最近，我们对石油的需求量下降了，并且，其他岛屿给我们的石油汇率更优惠，所以我们不再需要露西亚岛的石油了。"

可是，**露西亚岛上除了石油一无所有。对于露西亚岛民来说，亚美利坚岛的"亚美车（食物、物资和服务）"是他们生存下去的必需品。**

于是，露西亚岛又像往常一样，派出固定汇率员牛加入外

汇市场，让它取出保险柜中的多勒，说："我想要露西亚岛的石油……请把我的多勒换成卢布吧。"然而，固定汇率员最终也走到了尽头。**露西亚岛政府保险柜中的多勒已变得空空如也。**

并且，即使露西亚岛政府想要印制多勒也是行不通的，因为只有亚美利坚岛才能印制多勒。于是，露西亚岛开始向霓虹岛等各岛屿的居民借多勒。

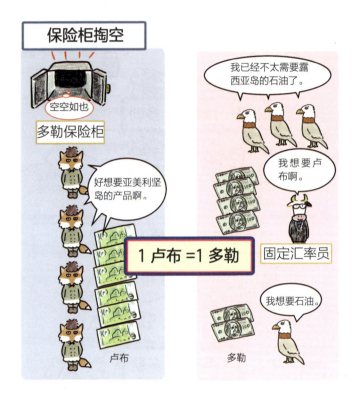

接着，借到多勒的露西亚岛政府再次派出牛，牛又继续在外汇市场里说："我想要露西亚岛的石油，所以我想用多勒来买卢布！"最终牛也成功地让汇率恢复到了"1 卢布 =1 多勒"。

但后来，露西亚岛政府保险柜中的多勒又不够了。并且，其他岛屿的居民们也开始担心起来："露西亚岛最近借多勒也借得太勤了吧？会不会最后还不起呢？以后还是别借给他们了吧。"最终，大家都不再给露西亚岛借多勒了。

在这种情况下，焦急的露西亚岛政府宣布道："**我们将以100 卢布的价格出售露西亚国债（3 个月后可兑换成 105 卢布的券）。**""**此外，现在购买露西亚国债的人，还可额外赠送一份'3 个月后绝对把 105 卢布兑换成 105 多勒的券'。**"

听到这则公告，其他岛上一些居民就想："虽然有点难理解，但是这绝对是一笔好买卖！"于是，居民便在外汇市场上把自己的 100 多勒兑换成 100 卢布，并用这 100 卢布购买了"露西亚国债（3 个月后可兑换成 105 卢布的券）"和"3 个月后绝对把 105 卢布兑换成 105 多勒的券"。

虽然从程序上看似乎变得更复杂了，但归根结底，露西亚岛只是想把多勒借到手而已。

不过，由于手续复杂烦琐，反倒使其他岛屿上的众多居民糊里糊涂地拿出了多勒，购买了"露西亚国债"。

但即便如此，情况也没有发生根本性的改变。露西亚岛的多勒保险柜又见底了，固定汇率员也无济于事。露西亚政府最终宣告称："**抱歉。我们借的多勒无法返还。**""**另外，虽然我们给购买露西亚国债的人发放了'3 个月后绝对把 105 卢布兑换成 105 多勒的券'，但那个券也是无效的。我们无法兑现承诺。因为我们已经没有多勒了。**"

以为能够借此大赚一笔而购买了露西亚国债的人们愤怒不已："你们怎么能这样？快给我按约定支付 101 多勒！"但不论人们发多大的火，没有多勒的露西亚岛仍然毫无办法。

惊慌失措的其他岛民涌向外汇市场，大家纷纷要求"现在立即把这些卢布兑换成美元！"从而导致卢布不断贬值。但外汇市场上已经没有固定汇率员了，所以再也没有人为卢布贬值踩刹车。最终，外汇市场上卢布的价值一落千丈。

综上所述，**当自己的岛上生产不出其他岛屿的居民想要的好产品，或者拥有其他岛屿的居民想要的好资源时，强行固定汇率一定会引发问题。**

最终，露西亚政府宣布："以此为戒，我们今后不会再以追求固定汇率为目标。"

◎ 如果不用本国货币而是以其他国家的货币（外币）形式借款，就有可能发生上述事例那样无法偿还的情况。

◎ 上述事例以俄罗斯金融危机为原型。"3 个月后绝对把 105 卢布兑换成 105 多勒的券"指的就是"外汇远期"。

勉强从外部借款

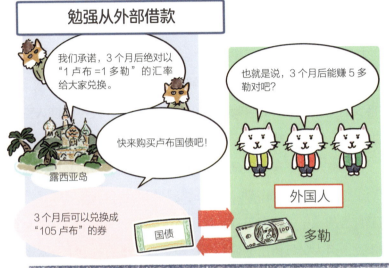

最终放弃

加强岛屿实力的意义

当人们拥有很多钱时，就能够随心所欲地购物，并且感觉到自己变得十分强大。**但实际上，仅仅只是有钱，并不能使人变得更加自由，也不意味着能变得更加强大。**

在霓虹岛和亚美利坚岛上，分别住着一些优秀的岛民，他们赚到了很多的日元和多勒。优秀的岛民们把各自的日元和多勒传给了自己的孩子。从父母那里继承了大量财富的孩子们从来没有工作过，因为父母留给他们的钱已经足以让他们过上十分富裕的生活。有一天，这些富翁的孩子们决定搬到一座无人岛上居住，岛上只允许同样有钱的人搬来居住，他们把这座无人岛命名为"富翁岛"。

此时，霓虹岛上住着 100 个岛民，他们总共拥有 1 亿日元。亚美利坚岛上也住着 100 个岛民，他们总共拥有 1 亿多勒。

富翁岛上的岛民同样也有 100 人，他们总共拥有 3 亿日元和 3 亿多勒，再加上 3 亿富翁岛原创的货币——"赛勒布"[1]。

现在，让我们来看看究竟哪座岛屿最强大。如果只看拥有的财富数量，那么富翁岛似乎是最强大的。

---

[1] 此处为作者自创的货币，取自 Celebrity 一词。——译者注

最开始的时候，三座岛屿一直保持着友好往来。可是，有一天，富翁岛的居民们说出了心里话："不论是霓虹岛还是亚美利坚岛，都是很贫穷的吧？所以他们都应该听从我们的命令。"**听完这番话，霓虹岛和亚美利坚岛的居民顿时就对富翁岛反感起来。**

富翁岛的岛民像往常一样对霓虹岛和亚美利坚岛提出要求："我们有的是钱，所以你们就照常把我们想要的东西卖给我们吧。"结果，霓虹岛和亚美利坚岛的岛民异口同声地拒绝道："不卖！""**我们决定停止和富翁岛继续往来。另外，我们还制定了新规则，规定富翁岛上的日元和多勒不能继续在我们两座岛上使用。**"富翁岛上的岛民愤怒地说道："你们开什么玩笑！那我们可就再也不买你们的任何产品了啊！"然而，霓虹岛和亚美利坚岛却充耳不闻，就像什么事情都没有发生一样。

这下，富翁岛上的居民们犯了难。"怎么办呢？明明我们手头上有那么多钱，却买不到任何食物和物资，也享受不到服务……"富翁岛上徒有 3 亿日元、3 亿多勒和 3 亿赛勒布的纸堆。他们谁也没有干过活，所以也不知道芋头种植的方法。

如果这时候富翁岛上**拥有能够产出大量石油的油田、卓越的飞机制造技术或者一支强大的军队等**，或许他们就能去找两座岛谈判："我们不再给你们供应石油了！""我们不再给你们飞机了！""开什么玩笑！小心我们对你们发动攻击！"但是，富翁岛既没有资源，又没有技术，也没有军力，就是一座弱岛。

　　与富翁岛相反，霓虹岛和亚美利坚岛有能力种植芋头，也能够自己制造汽车和生产智能手机。并且，两岛还拥有足够的技术，能在出现紧急情况时打造出一支强有力的军队。就算和其他岛屿断绝了往来，霓虹岛和亚美利坚岛本身就拥有能够支持 100 个岛民生活下去的资源和技术。即使受到攻击，也有军力来保护自己。因此，和富翁岛相比，霓虹岛和亚美利坚岛可以说是自食其力的强岛。

综上所述，只有当岛屿之间彼此关系良好，并且相关的规则允许开展自由贸易时，货币才能在不同的岛屿之间发挥效力。**真正能够使人们感到安心、自由和强大的，并非一座拥有金钱的岛屿，而是拥有大量的资源、技术以及军力的岛屿。**

◎ 正因如此，在现实世界中，越是那些邦交国少、技术不发达、资源不充裕的国家，越不愿意放弃"核武器（军力）"。因为它们除此之外没有其他可用于谈判的底牌。

◎ 因为我们生活在一个和平的年代，所以很难想象国家断交的情况。但回顾历史，两国断交的情况数不胜数。美国和古巴从 1961 年到 2015 年一直处于断交状态，期间完全没有任何贸易往来。

◎ 在现实世界中，由于各种因素交织在一起，所以有时会意识不到自己其实处于更加优势的地位，却对那些表面上的富翁抱有"他们有钱，所以他们比我更了不起"的执念，从而在态度上表现得卑躬屈膝。这需要我们引起注意。

理论解读

购买力平价和利率平价

在前文讲述的故事中，我们只是基于单纯的"不考虑利率，不考虑以投资为目的的外汇需求"的外汇交易［也被称为传统的"流量分析法"（Flow Approach）］。归根结底，它只是解释了"外汇交易如何进行，外汇汇率如何确定"的基础知识。

但是，在现实世界中，外汇交易一直处于活跃的状态。人们迫切地想要知晓"外汇汇率接下来会朝什么方向平稳发展"，因此也带动了专家对相关预测模型的积极研究。**在这里，我们简单介绍两个与此相关的基础模型：购买力平价理论（Purchasing Power Parity，PPP）和利率平价理论（Interest Rate Parity，IRP）。**

首先，我们来看一看购买力平价理论。

购买力平价理论基于"一物一价"的理念，即某种商品的价格在世界上任何地方都是一致的。以该理念为基准，通过对各国的不同商品、服务的价格进行比较，由此计算出当地货币的价值。

例如，通过在不同国家销售的巨无霸汉堡单价来计算出外汇汇率的"巨无霸指数"（Big Mac index）就是一个著名的例子。

这种观点认为，如果一个巨无霸汉堡在日本的售价是 200 日元，在美国的售价是 1 美元，由于同是巨无霸汉堡，价值理应是一致的，所以汇率最终应该朝"200 日元 =1 美元"发展。

之所以会这样，是因为如果此时汇率为"100 日元 =1 美元"，

那么从理论上来讲，从美国采购巨无霸汉堡再销往日本就一定能够获利，这么一来，美国的巨无霸汉堡就会不断被销往日本，最终导致汇率不断向"200 日元 =1 美元"靠拢（购买力平价）。

不过，"购买力平价理论"本身存在一些问题。

首先，在实际的贸易中，参与交易的商品并非只有巨无霸汉堡一种。其次，在那些无法进行交易的服务（美容、按摩、医疗等）上，并不会产生购买力平价。最后，即便是那些能够进行交易的商品，由于各个国家的文化差异，例如"日本人对鱼的价值感高于肉，美国人对肉的价值感高于鱼"等，会导致不同的国家对不同的商品抱有偏爱。

以这些问题为出发点，学者们也创建了诸多对购买力平价理论进行修正的模型。例如，认为"各国的通货膨胀率之差体现为汇率变动"的相对购买力平价理论（Relative Purchasing Power Parity，Relative PPP）；认为"由于受到非贸易产品（不能进行交易的物品）的影响，在发展中国家，与购买力平价相比，汇率往往受到低估"的巴拉萨 – 萨缪尔森效应（Balassa–Samuelson Hypothesis，BSH）等。

接下来，我们再来看看"利率平价理论"。

利率平价理论认为，"风险中性投资者（Risk Neutral Investor，无论发生什么情况都会选择较高预期收益率的人）不论选择两国中的哪国货币用于投机，汇率最终都会向着利息预期收益率相同的方向稳定下来，因此汇率应该由'本国货币和外国货币之间的名义利率之差'来决定"。

这听起来有些复杂。

说得再简单一点，它是一个预测汇率变化的理论，即"投机者们都想获取更大的利益，因此，假如明年的汇率是 X 日元，日元的利率是 $Y\%$，美元的利率是 $Z\%$ 的话，那么当前的汇率应该会这样变化"。

在当今世界，想要获得利率更高的货币以赚取更多利润的人不计其数，外汇的交易量规模之大，甚至是进出口外汇交易的数倍。因此，一般认为，短期之内利率平价对汇率的影响最大。

无论是购买力平价理论还是利率平价理论，都属于基础性理论，只要大家上网搜索一下，就能找到很多讲解。如果还想进一步了解理论的计算方法，可以自行上网搜索查看。

通货发行与外汇市场

因为国家发行的货币通过税收的方式被赋予了价值，所以国家能够自由地发行货币。

听到这样的论断，有的人可能会担心："我们过度发行货币，是否会使日元的信用下降，搅乱日本的对外关系？"这样的担心是不必的。

当然，如果是短时间内大量发行货币，比如突然给每位日本国民都发放 1 亿日元，那确实会扰乱货币平衡。

但是，只要控制在不引发物价剧烈变动的范围内，逐年稳步增发货币是没有什么问题的。

事实上，若将日本视作一个整合的政府（政府＋日本银行），那么我们的政府已经发行了将近 1000 兆日元的货币（或以日元计价的日本国债），并使其流通到了全球，但外汇市场并没有因此出现什么问题。

只要日本能生产和提供足够多的物资和服务，通货膨胀就不会发展成一种势不可当的、令人恐惧的东西。之所以这么说，是因为即使日元在这一瞬间完全消失，日本岛上所拥有的物资和服务数量也不会发生任何变化。说到底，货币只是为了使物流和分配变得更加简单，而将价值量化的一种便捷工具而已，即便把表示 100 栋房屋价值的数值从 1 万日元变成 1000 万日元，房屋的数量仍然是 100 栋，不会发生任何变化。

如果政府开支和国债发行的爆炸式增长引发了严重的通货膨胀，那么作为投机标的（Speculation Target）的日元本身价值发生变化，或者日本物价发生变化，确实会引起汇率波动。但即便如此，也不意味着日元的价值就消失了。**不论日元发生什么变化，只要日本拥有充满吸引力的产品和服务，并且外国人还对日本的产品和服务有需求，那么外汇市场上日元的价值就不可能完全消失。**因此，归根结底，对于一个国家来说，最重要的是拥有先进的技术、优秀的人才、丰富的资源、优良的环境，并创造出大量有吸引力的产品和提供优质服务。

就像前文反复强调的那样，货币只是人类群体为了提高生活效率创造出的工具而已，纸币本身没有任何价值。

国际性强国

请大家想象一下，倘若把日本拥有的所有知识、技术和资源都卖给了外国，会发生什么事情呢？

日本可能暂时会成为大富豪，但这有意义吗？**那个时候，所有的日本人都会变成除了有钱一无所有的"猴子"。没有人知道汽车的制造方法，没有人知道如何耕种土地，也没有人能够开发互联网。**如果仅仅只是用货币的数值来衡量，那日本确实暂时成了因财富多而繁荣的国家，但那可不是真正的繁荣，日本将会成为一个无法生产出任何商品的国家，只能依靠外国向我们出售食物、汽车、电脑和服务等。

等到那个时候，不论我们肯出多少日元去兑换外币，外国人也不会想要日元，他们会认为："即使持有日元，也买不到任何东西。因为日本生产不出任何东西，所以就算日元的汇率再高，将来肯定也会不断贬值……"在这种观点的影响下，日元的价值将会暴跌，而日本也将逐渐成为一个无法生产出任何商品的，只有不懂技术的人们居住的贫穷国家。

为防止上述情况发生，我们一定要不断建设国家，使其有能力创造出优质产品和提供优质服务。

俄罗斯的货币危机

1998 年，俄罗斯宣布"以卢布计价的国债"无法履行债务

（债务违约）。

这一事件有时也会被那些主张"以本国货币计价的国债也会违约"的人用作事实证据。

然而，实际上，构成此次危机根本原因并非"本国货币计价的国债"，而是"外汇市场上的卢布暴跌"以及"外币计价债务的违约"。

简而言之，就是俄罗斯向外国借了钱。

当时俄罗斯的外币计价债务接近其 GDP 的 50%。

如果将这一情况类比到日本，假设 2020 年日本的 GDP 为近 500 兆日元，那就相当于日本政府的外币计价债务约为 1.8 兆美元（约 250 兆日元）。

这种债务和以本国货币日元计价的国债完全不同。如果是以日元计价的债务，如日本国债，那么政府可以要求日本央行发行货币来赎回债务，一般不会引发什么问题。

但与此不同的是，外币债务却必须赚取外币来偿还。

这也意味着，俄罗斯得用美元偿还 10 亿美元，或者用欧元偿还 10 亿欧元。

当时，非俄罗斯籍的外国买家们，除了购买以卢布计价的国债之外，同时还和俄罗斯的民营银行签订了买入美元卖出卢布的外汇合约。

这种外汇合约约定了"不论 3 个月后汇率发生何种变化，均按照当前的汇率进行兑换"。

因为卢布不可信，所以合约对此做好了防备工作，即使 3 个月后卢布对美元大幅贬值，也要防范因汇率变动而蒙受损失。

也就是说，对于俄罗斯政府而言，这是一种以卢布计价的国债，但对于俄罗斯民营银行来说，相当于背负了以美元计价的债务。

如果把俄罗斯全国视为一个整体，就相当于整个国家背负了大量的美元债务。走投无路的俄罗斯政府尝试了各种办法，例如：修改卢布计价国债的债务条款；推迟外国债权人美元外汇远期兑现的时间；限制外国债权人将卢布兑换为外币并汇回本国，这些做法的结果是导致卢布大幅度贬值。

因此，准确地说，俄罗斯的货币危机指的是发生在 1998 年，俄罗斯政府和中央银行暂停支付对外债务 90 天，并由此引发卢布大幅度贬值、投机资金外流等的一系列事件。

因为到了最后期限也没能偿还债务，俄罗斯政府债务违约的确是一个不争的事实。但它指的并非以卢布计价的国债破产，而是将外币计价的债务偿还暂停了 90 天。

第七章

挑战与未来展望

国家体系

当今，世界上的大多数国家采用的都是"**以居民参与竞争获取财富为基本方针（资本主义），赋予国家规则（宪法）最高权力（法治国家），由居民代表来管理政府（民主政治）的体系**"。

霓虹岛目前采用的也是该体系。

但是，日本并非一开始就采用了这一体系，而是在尝试了多种体系后，最终形成了现在的体系。

曾经有一段时间，日本也尝试过"赋予国王个人最高权力（君主制），由国王及其臣子管理政府（专制主义）的体系"，即君主专制。

如果掌权的是一位仁慈且明智的国王，这种体系倒也能运行得很顺利；当遇上"只考虑自己"的人当上了国王，这种体系很快就无法持续了。

还有一段时间，霓虹岛还曾换过另外一种"**由国家决定每个人要做什么，消除竞争，实行人人平等**"的体系。

在这个体系中，每个公民的职业都由国家决定，工资也全都相同。这一体系讲求平等，是非常好的。不过，由于没有从事新工作的自由，无论怎样努力工作，工资都一样。于是，岛民们也

就渐渐失去了干劲儿。

　　结果，霓虹岛文明发展缓慢，在技术领域，与以居民参与竞争获取财富为基本方针（资本主义）的国家产生了很大差距。

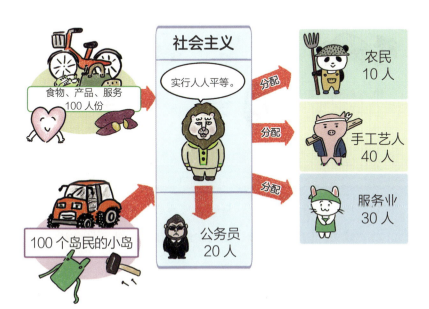

就如上述的霓虹岛那样，人类尝试了各种类型的国家体系。

如今，许多国家采用的是"**以居民参与竞争获取财富为基本方针（资本主义），赋予国家规则（宪法）最高权力（法治国家），由居民的代表来管理政府（间接民主主义）的体系**"。

然而，这仅仅是"目前为止很稳定的体系"，并非一个完美无瑕的体系。

在这个体系中会存在什么样的问题呢？

100 个岛民的小岛

〰〰〰〰〰〰〰〰〰〰〰〰〰〰〰〰〰〰〰〰〰〰〰

◎ "以〇〇为基本方针"指的是政治思想（资本主义等）。

◎ "赋予□□最高权力"指的是统治体制（君主制、封建制、法治国家、专制国家等）。

〰〰〰〰〰〰〰〰〰〰〰〰〰〰〰〰〰〰〰〰〰〰〰

◎ "由△△来管理政府"指的是政治体制（民主政治、专制政治、独裁政治等）。除法治国家，大多数情况都是△△＝□□。

◎ 日本是资本主义法治国家（由于天皇存在，有时也被描述为君主立宪制）。

资本主义面临的问题与挑战

假设一个小岛上住着一只天才长颈鹿一郎。

长颈鹿一郎发明了汽车，并通过大量生产、销售，赚到了100 亿日元。

长颈鹿一郎去世后，它的孩子长颈鹿二郎继承了 100 亿日元。**长颈鹿二郎用 100 亿日元买下了大片稻田，并将这些稻田租给了农民们。**

农民们通过销售稻田里种出的大米赚到了日元，并将所赚到的一半日元交给了长颈鹿二郎。

即使长颈鹿二郎每天游手好闲，钱包里的钱也会自动增加。

1000 年以后，这座岛的人口仍然是 100 人。

这时，长颈鹿一郎的子孙一共有 50 人。从长颈鹿三百一郎到长颈鹿三百五十郎，长颈鹿一郎的子孙们一直都把从祖辈那里继承下来的稻田租给农民们耕种。

他们仍然还是不工作，因为就算他们天天躺着睡觉，也会有日元进入腰包。

除了长颈鹿家族之外的 50 个穷人，每天都在为了自己，为了家人，同时也为了长颈鹿家族努力工作。

这样的状态是否能够一直持续下去呢？

确实，长颈鹿一郎天才般地创造了汽车，极大地丰富了岛上100个岛民的生活。

但是，它的后代没有做任何事情，只是一味地游玩，却还能吃着其余50个人辛勤种出的芋头，购买他们努力生产出的物资，并继续享受着他们提供的服务。

这种情况当然是无法永远持续下去的。

一旦某人成了富豪，他的子孙后代就能够一直过着富豪的日子，这样的情况总有一天会走到尽头。

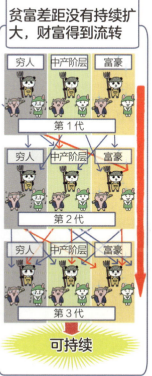

因为只要有一个契机，穷人开始觉得"目前这种情况是不正常的"，他们就一定会去尝试缩小贫富差距。

历史上发生的缩小贫富差距的情况，全都是由于革命、战争、国家灭亡、疫病等悲剧所致。

为了同样的悲剧不再上演，一定不能任由社会贫富差距随着时间的流逝持续扩大，富人和穷人必须随着代际交替得到适时的调整。

为此，我们应该具体做些什么呢？

◎ 回顾历史，消除不平等只有在革命、战争、国家灭亡、疫病等非常态重大事件发生时才会出现。除了上述情况，社会贫富差距均是在一味地扩大。如果用长远的目光审视日本当下的制度，可以说也是不可持续的。

◎ 据说在美国，总人口 1% 的富人阶层掌握了全美国总资产中的 3 成。持续扩大的贫富差距现已成了全世界的问题。

实现可持续

　　想要阻止贫富差距扩大，需要的并不是高声抗议"让我们一起努力阻止贫富差距扩大吧！"而是建立一个可持续的经济体系。

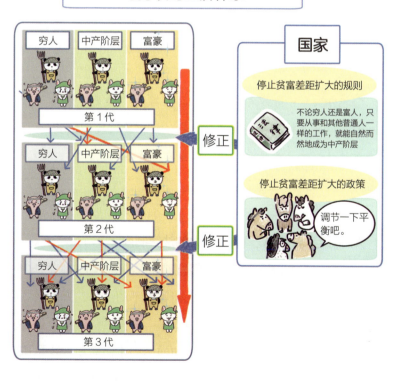

如果我们能建立一种机制，不需要和每一个对社会贫富差距抱有疑念的人进行战斗，就能自然而然地消除贫富差距的话，上述问题就能够得到解决了。

那么，想要建立可持续的经济体系，有什么必不可少的元素呢？

想要使现行的国家体系（资本主义、法治国家、民主主义）成为一个可持续的经济体系，必须设立一个目标。在本书中，我们将这一目标称为"**可持续经济体系目标：SESGs**"。

◎ 可持续经济体系（SES＝Sustainable Economic System）。

◎ 可持续经济体系目标（SESGs＝Sustainable Economic System Goals）

◎ SDGs（可持续发展目标）的主旨是："使地球成为一颗永远可以居住的星球，杜绝资源的过度使用，禁止破坏环境。"与本书"可持续经济体系目标"的着眼点有些许差异。

可持续经济体系目标具体由以下 4 个目标构成：

第一个目标是建立具有复原力的法律制度。

该目标实际上指的是累进税等防止贫富差距扩大的规则和政策。

即使贫穷，只要从事和所有人同等水平的工作，就能自然而然地回到中产阶层。相反，即使原本是一个富翁，但仅仅做着和所有人同等水平的工作，也会自然地回归到中产阶层。这里所谓的"具有复原力的法律制度"，指的是具有能够将人们拉回中间水平的力量，并能够充分发挥这种力量的法律制度。

◎ 当弹簧被拉伸或压缩时，会产生恢复到原本长度的力量。这种随着弹簧离开中心越远，越想回到中间的力量被称为"复原力"。

◎ 建立具有复原力的法律制度，最极端但也是最简单的方法是"完全禁止遗产继承，并堵上所有与遗产继承相关的法律中所存在的漏洞"。从理论上讲，这种做法能使贫富差距随着代际更迭而得到重置，所以不会扩大贫富差距，从而达到可持续目标。

不过，即便好不容易建立起了具有复原力的法律制度，但若代表们都站到了富豪一侧，成为他们的盟友，并最终决定"恢复原来的制度"，那也是毫无意义的。

于是，就需要第二个目标，即建立具有复原力的政治制度。

我们需要建立一种制度，确保那些只在选举时高喊"我会调整贫富差距"，一旦当选之后又马上收受贿赂，并站到富豪阵营去的代表自然而然地减少，而使那些能够执行可持续的货币政策，认真负责的代表自然而然地增加。

◎ 在美国，富人阶层几乎不缴税，这已经成为一个问题。然而，这种状态现在仍在持续。这表明，允许这种状态持续的美国政治制度本身仍有进一步改善的余地。

第三个目标是建立具有复原力的国家结构组织。

即使好不容易建立了具有复原力的政治制度，但如果允许不怀好意的国家代表恣意决定"按照让我们更方便的方式更改政治结构吧"，那也就没有任何意义了。例如，"总统每隔 3 年换届""只要超过一半的人表示同意，就能够使总统主动辞职"等绝对规则，如果允许不怀好意的代表轻易地撤销更改，国家马上就会回到不可持续的系统之中。

因此，我们必须建立一个坚实的国家结构组织，使那些不利于国家发展的坏事无法发生。不过，倘若这种组织结构太过了坚不可摧，也可能会引发一些麻烦的事情。等到人们发现"这条规则还是废除了比较好"的时候，又会因为它是固定的规则，而面临无法修改的问题。

我们必须建立一个充满平衡、具有复原力的国家结构组织，并且保证既能阻止坏人随意改变它，又能在必要的时候修正它。

◎ 在纳粹德国时期，总理希特勒领导的纳粹党不仅能够终止宪法中规定的基本人权条款，还能发布总统紧急法令，而这种紧急法令不需要走法律程序就能逮捕共产党人。此外，他还根据自己的需要修订了议会的运营规则，几乎在法律上形成了独裁统治。以当时德国的国家体系来看，内阁被赋予了过多的权限。

不过，即使建立了具有复原力的国家结构组织，假设有某座危险的岛屿怂恿 100 人小岛上的富豪们说"你们可以把自己的资产藏在我们岛上",或者突然发射导弹,把小岛整个都毁灭了,这也是令人担忧的问题。

所以,我们需要第四个目标,制定具有复原力的国际法。

为了防止类似上述的跨岛恶性行动发生,必须认真地制定一些国际性的规则,明确规定"若某座岛屿做出某些行为,将会受到其他岛屿的某种惩罚"。

◎ 目前,在《国际法》中并不存在惩罚条款。这只是全人类努力实现的目标。即使世界上某个大国突然开始动武施暴,也没有一条规则可以阻止这种行为。各国能够采取的干预手段,仅仅是根据自己的判断,"表示遗憾之情""加入经济制裁"等而已。

何为理想主义

霓虹岛的周围有很多岛屿。

各岛的基本方针大体可以分为**资本主义（以居民参与竞争获取财富为基本方针）或社会主义（以消除竞争、实现从平等为基本方针）**两种。大部分岛屿都属于两者之一。

"资本主义岛屿"简而言之就是一个赚钱者为胜、弱肉强食的世界。如果同一个行业中有好几家公司，那么能够不断生产出更优质商品的公司就能赚到更多的钱。而与之相反，在竞争中失败并由此止步不前的公司则会渐渐走向破产和倒闭。

盈利的公司利用其赚取的财富不断增加员工数量，扩大公司规模，从而获取到更多的财富；亏损的公司则会走上相反的道路。

如上所述，"资本主义岛屿"更容易创造出质量优良的产品，且更容易实现技术发展。

然而，一旦社会贫富差距产生后，这种差距将不断扩大并持续下去，因此，用跨越数百年的长远目光来看，可以说这是一种不可持续的系统。

"社会主义岛屿"即从平等，以大家在同一家公司里制造出同样的产品为目标。即便能够制造出更好的产品，工资也不会改变。

如上所述，"社会主义岛屿"追求平等，如果仅从社会贫富差距的角度来看，这确实是一个可持续的系统。然而，**由于没有竞争，民众的积极性难以激发，技术的发展难以促进，这导致"社会主义岛屿"容易被邻近的"资本主义岛屿"通过技术能力拉开差距，从而削弱其在世界上的地位。**

阅读到此处，在思考"究竟哪种才更好呢"的读者应该不在少数吧？

实际上，资本主义和社会主义之间并没有一条明确的界限，两种主义也并非完全对立。

霓虹岛也一样。如果一定要说是哪一种，我们可以说它是偏向资本主义的。

但实际上，日本也并不完全是"任何事情都讲求竞争"的弱肉强食的社会，同样也存在"促进平等的税收规则""帮扶救助弱者的规则"等社会主义的一面。

硬要分清"资本主义和社会主义究竟哪一方更好"，就如同在问"电视的音量调到 0 和调到 100 哪种更好"一样，是一个过于极端的问题。

我们没有必要选择其中任意一方。

就像我们会把电视的音量调到 0 到 100 之间的合适位置一样，我们只需要找到一个恰好的位置即可。

而那个恰好的位置，就是我们努力奋斗的"可持续经济体系"。

既存在一定程度的竞争，但贫富差距又没有过大。让我们一起去思考一种恰到好处的良性系统吧。

◎ 当然，基本方针不一定非设定为"资本主义和社会主义之间"，因为也有可能会诞生一个可持续的、全新的主义。

◎ 例如，即便诞生了一个人工智能国家，所有的工作都由机器人为人们代劳，但只要它是可持续的，能使每个人都感到幸福，那就是一件好事。

重要之物

在国家这一系统中，金钱财富十分重要。

有时人甚至会认为"金钱比生命更贵重"，因为生命是出生时就与生俱来的。比起家人和朋友，有些人会将"赚钱"当作优先考虑的事项。

然而，比起金钱来，还有其他更加重要的东西。

并且有很多。

直到数千年前，人类还生活在一个没有金钱的世界里。

即使到了今天，这个世界上还有一些人，如少数民族等，仍然生活在无金钱货币的社会中。货币不过是为了使人类这种群居动物生活得更有效率、更加强大而被创造出来的便捷工具而已。

即使有债务，那也仅仅是一个数字。在最坏的情况下，只要申请个人破产，就能将其改写为 0。

人们没有必要为了金钱而苦恼、痛苦，甚至断绝生命。

当你 80 岁时：

不管你有多少钱，都买不到年轻时环游世界的回忆。

不管你有多少钱，都买不到多年保持的兴趣爱好练就出的一身本领。

不管你有多少钱，都买不到结下不解之缘的朋友。

不管你有多少钱，都买不到可以打心底信赖的合作伙伴。

不管你有多少钱，都买不到和父母一起去温泉旅馆的回忆。

不管你有多少钱，都买不到孩子给自己画的拙劣的肖像画。

不管你有多少钱，都买不到对你而言最重要的人。

你这一生的富有程度，并非仅仅靠金钱来决定。

不论你多富裕，当你老了，卧床不起，最后回顾你这一生时，浮现在你脑海中的，不会是堆积如山的钞票，也不会是存折上的余额数字，而是父母的面孔、朋友的面容、爱人的脸庞、愉快的回忆、遗憾的瞬间等更加珍贵的"风景"，这些重要的"风景"一定会在你脑海中奔驰而过。

那时，你想让什么样的"风景"最为清晰、最为鲜明地浮现在自己的脑海中呢？

人生只有一次。

请大家将技术、经验、朋友、心灵、爱意、家人视作珍贵之物生活下去。

金钱财富当然很重要，但我们不能将自己禁锢在金钱之中，而错过了更重要的东西。

我衷心祈祷你能够得到幸福。

理论解读

目前的国家体系

为了有效地控制数量庞大的人类群体，"国家"这一系统在漫长的历史中，经历了"部落社会→君主制→封建制→法治国家"等各种形式的变化。

例如，在日本，石器时代的人们以村落或部落的形式生活在一起（部落社会）。到了绳文时代，整个部落不断壮大，最终形成了拥有国王的小型君主制国家。君主制社会的最高权力者几番更迭，这种社会制度也延续了相当长的一段时间。到了镰仓时代，武士取代了君主以及支撑着君主制的贵族，日本进入了武士统治各自领土的封建时期。这种封建制度一直持续到江户时代，以明治维新为契机，开始了"近代法治国家"的进程。

国家体系大致可分为"统治体制""政治体制""政治思想"三个部分。

所谓统治体制，指的是国家治理的根本权力配置方式，即"将什么设定为至高无上的东西"。如果是君主制，那么君主就是最至高无上的；如果是法治国家，那么法律就是至高无上的。

所谓政治体制，简单来说就是"如何决定政治领导人"。如果是君主制，那么政治权力几乎集中在君主手中，从而形成专制政治；如果是民主制，那就由国民投票来决定。

所谓政治思想，指的则是基于资本主义、宗教等的思想。政治思想并没有明确的界限，最多只是一种倾向，即"作为一个国家，倾向于哪一方面"。

如上所述，国家的存在形式多种多样，但这当中并不存在绝对正确的答案。

在漫长的历史过程中，人类为了更好地管理、运营"数量庞大的人类群体"进行了反复探索，发明并导入了各种各样的国家体系。由于这些都是人类创造的产物，所以这些系统一定会存在缺陷，因此需要不断更新。日本当下"法治国家、民主政治，倾向于资本主义的政治思想"的国家形式，将来也一定会修正和改变。

那么，当前的国家体系有什么样的问题呢？

贫富差距扩大和可持续性

2021 年，据说美国最富有的 1% 人口拥有全国总财富的 32%。而最底层的 50% 人口拥有的财富仅占全国总财富的 2%。

社会贫富差距的问题愈演愈烈，而这不仅仅发生在美国，放眼全世界，**世界上最富有的 10% 的人口，拥有全球 76% 的财富。**

虽然经济上的贫富差距有时被描述为"自然法则"，但事实并非如此。正如我们在第二章中所阐述的，拥有财富本身只是在国家允许的层面出现的一种现象，规则和货币都是人类制定和创造的，因此，贫富差距持续扩大也单纯只是在当前的系统中形成了这样的局势而已。

富豪家族之所以能够一直保持富裕，是因为纠正贫富差距的制度充满了漏洞，以至于没有发挥应有的作用。如果在银行中存入 1 万亿日元，即便年利率是 0.01%，那也有 1 亿日元的年收入。一旦赚到了钱成了富翁，只要没有经历大的失败，一般都能维持大富翁的生活。由于当下关于遗产继承纠正贫富差距的制度仍然很宽松，所以大富豪的子孙后代们即便天天泡在豪宅的泳池中，也能够生活下去。

微软的创始人比尔·盖茨决定将其价值约 15 万亿日元（约一千亿美元）资产中的 99% 以上留给盖茨基金会，而不是留给他的孩子们。这样一来，他的资产很可能得到重新分配。然而，并不是所有人都像盖茨一样，能做出如此善意的决定。

如果没有善良的人，某些规则就会失效。即使没有善良的人出现，无论谁处在盖茨同样的位置，我们也必须考虑制定适当的资产再分配制度及政策。

关于贫富差距问题，想要确定一条明确的界限，明确"从何处开始属于不合理的贫富差距"是一个十分困难的事情。关于从哪里开始算作"钻空子人"，在哪个范围内则为合理的，涉及"我们要努力创建一个什么样的人类社会？怎样才算恰当的角色分派及分配？"的问题，这是非常复杂的，并且应该让整个社会都参与探讨的问题。

不过，我们可以确定的是，**社会贫富差距不断扩大的情况是不可持续的，必须加以纠正。**虽然无法明确地知晓"不合理差距"的界限，但当前的情况十分不利，这点确信无疑。

《不平等社会》（*The Great Leveler: Violence and the History of Inequality from the Stone Age to the Twenty-First Century*）的作者，斯坦福大学教授沃尔特·沙伊德尔（Walter Scheidel）曾明确指出，能够纠正历史性不平等的事件，只有"革命、战争、国家崩溃、瘟疫"4 种情况，这也对未来的世界发出了警告。

若不平等的状态持续扩大，将来必定会需要打破现状。等到那个时候，人们一定会付出代价。而那些代价，有可能就是你所珍视的人。

现在，地球上已经拥有了足够全人类生存下去的食物、物资和服务。因此，从物质层面上讲，只要妥善处理角色分工和分配问题，大家应该都可以生存下去。

一定会有一种方法，不需要经历流血杀戮就能让所有人幸福地生活下去。

为此，我们需要的不是某一个人的决心，也不是某一个人的英勇行动，而是一个恰当的社会组织结构。

我们必须认真思考并构建一种社会结构，它既不会让贫富差距持续扩大，又能够达到可持续目标。在本书中，我们将这种结构称为"可持续经济体系"。在联合国可持续发展目标（SDGs）的 17 个目标中，虽然也包含了"经济增长与就业""不平等"等项目，但它主要是站在整体的角度讲地球环境、资源的可持续性，难以引起人们对人类社会组织结构本身可持续性的关注。因此，本书才特意采用了另一种表达方式。

可持续经济体系目标

想要构建可持续经济体系，具体应该具备一些什么样的条件呢？

简而言之，应该达成以下4个可持续经济体系目标。

①建立具有复原力的货币体系。

②建立具有复原力的政治体系。

③建立具有复原力的国家体系。

④建立具有复原力的国际体系。

所谓复原力，指的是"回到原始位置的力量"。形象地说，它就像弹簧，一旦对其施加力量，就会产生想要恢复原形的强烈力量。

在上述4个目标中，实际上只需实现第①条即可，但为了维持①的体系，又必须有②，而想要维持②，又必须有③做保障，想要维持③，④又是必不可少的。

①具有复原力的货币体系。

有复原力的货币体系即可持续的货币规则（法律、税收制度、政策等）。

一旦成为富翁，整个家族成员就会随之变得越来越富有；一旦变穷，整个家族都会随之陷入贫困，再也无法摆脱贫穷的社会，这两种情况都属于不可持续的。

因此，我们需要一种"一旦偏离平均水平，就能产生返回中间层的力量，并能够充分发挥这种力量的规则"。这就和弹簧一样，即使成为富人阶层，但若不能继续贡献超出平均水平的力量，也会回到中产阶层。又或者与之相反，即使成为贫困阶层，但只要能够做出高于平均水平的贡献，这种复原的力量一样能够发挥，使其回到中产阶层。

而想要成功构建这样一个系统，也有诸多可行的方法，从而带领人们一步步接近目标。例如：**推行累进税制、提高最低工资标准、大学教育免费化、补助金、基本收入制度、JGP（Job Guarantee Program，就业保障计划。MMT 学派的经济学家们提倡的，由政府主导的全面就业计划）等。**

另外，关于贫富差距的代际延续问题，同样也有预防手段。极端地讲，如果能够完全禁止遗产继承，能够留给后代的只有教育机会，就可以形成可持续状态。

此外，也可通过填补法律漏洞的方法减少想要规避继承税的"钻空子人"〔通过生前赠予和避税天堂（Tax Haven）等来偷税漏税的人〕的数量。

除了上述做法，还可考虑设置薪金上限（Salary Cap，又称"工资帽"）。例如规定全体国民的年收入只能在 500 万 ~3000 万日元之间等。实际上可采取的方法不计其数。

②具有复原力的政治体系。

即使我们想出了能够矫正贫富、形成良性差距的政策，但若不能得到切实执行，仍旧毫无意义。因此，政治体系也很重要。

我们必须创建一个具有复原力的政治体系，让那些自私自利的政客被自动淘汰，而忧国忧民的政治家能够自然而然地增加。

当今的日本，国民对政治感兴趣的程度不高，投票率也很低。由于民众也是在不太了解候选者情况的前提下投的票，导致有些无知的名人仅仅靠着知名度就当选了，而真正优秀的人才却落选，只因海报上的形象不佳。因此可以说，选举中"选出优秀政治家的职能"并未很好地发挥作用。

不过，即便我们只是稍稍动一下脑筋，也能想出很多改善的方面。例如："设置投票的激励机制，一旦参与投票就可减税 1 万日元""制定并维护网络投票等的相关法律""除海报及街头演讲，为各个候选人创造更多宣传个人执政理念的机会"等。

在美国，富人阶层瞄准法律的漏洞，几乎不纳税，这已成了一个社会问题。这当然也是富人阶层本身的问题，但与此同时，其政治制度，即政客们忖度富人阶层的感受并默许这种状况持续下去的政治制度也有改进的余地。

③具有复原力的国家体系。

比政治制度更高层次的概念——国家层面，也必须始终保持可持续性。

这里介绍一个由于国家体系（宪法等机制）脆弱而导致国家陷入泥潭的例子。

第二次世界大战前日本发生的"侵犯统帅权问题"，便是由于宪法不完善所致。在明治宪法中，有关统帅权的规则模棱两可，日本军部中的强硬派通过扩大解释统帅权来无视政府管理，并出现失控行为，从而使日本的政党政治整体受到削弱。若当时的宪法内容更加合规与明确，或许太平洋战争就不会爆发。

由上述事例可知，国家想要可持续发展，**必须制定并完善相关制度（例如：内阁不信任决议等）**，当危险分子出现时，保证他无法根据自己的需要轻易地改变组织结构，并确保周围的人能够将危险分子排除出去。

但是，如果将修订、变更的门槛设置得过高，那么等到真正需要修改时，又无法对政治制度和税收制度进行根本性的改革，因此，把握平衡十分重要。

就像抗震性强的大楼一样，不仅仅是把它建得坚固就可以了，而是要把它设计成不论从哪个方向对其施力都不会倒塌。这种既柔又韧的设计，对一个国家来说十分必要。

④具有复原力的国际体系。

即使日本已经成了一个可持续发展的国家，但若是由于其他国家的影响，又变为不可持续，那也是毫无意义的。因此，国家之间的规则亦十分重要。

在目前的国际法中，并不存在惩罚规则。

2021 年成为热门话题的国际税收，就是国际关系规则更新的例子之一。

国际税收是一项国际规则，它规定了对于那些跨国运营的企业，在什么样的情况下国家有权对其征税。随着互联网的普及，如今跨境商务已经变得更加容易，但也由此产生了各国法律不足以恰当应对的诸多问题，本来应该缴纳更多税款的企业开始钻空子，甚至不缴税也相安无事。为解决这些问题，才建立了新的机制。

此外，因"巴拿马文件"（又称"天堂文件"，Paradise Papers）

而闻名的"避税天堂",亦是与国际关系规则漏洞相关的一个事件。巴拿马文件是巴拿马的法律事务所创建的一份机密文件(电子数据),在这份文件中记录了世界各国首脑和富豪利用巴拿马等避税天堂(避税港、避税地)进行金融交易,隐藏个人资产等行为。

也就是说,确实有一批人看到了国际规则中的漏洞,并充分利用这个漏洞将资产转移隐藏到了海外。

因为这样一群"钻空子人"的存在,让大家也倾向于认为,"即使国家灭亡了,富豪一族也能够移居海外,继续过着富裕的生活,因此富豪们一定都是一种了不起的存在"。**然而,这实际上只是一个系统故障,是一个尽管个人能够在国家间自由移动,但国际规则尚未与时俱进地更新相关规则而引起的问题。**

在当今复杂的社会中,单纯只靠各个国家的法律不足以对这类故障进行限制,因此,构建一种可持续的国际规则,即国家间的体系变得越来越迫切。

努力奔赴的目标

"社会主义和资本主义哪个更好?"这是和"电视的音量调到0和调到100哪个更好"一样极端的选择。

任何事情都是如此,一旦陷入"非黑即白""对还是错"的二元论,形成一种对立结构,就无法进行正确的探讨。

正是由于冷战时期形成的"社会主义国家与资本主义国家"

这一对立结构，才导致生活在资本主义国家一方的人们，大多抱有"社会主义是一种可怕的思想"的印象。

然而实际上，社会主义本身也只是提倡"为创建一个更加平等和公平的社会而努力"，并不是什么令人恐惧的东西。这只是一种思考方式而已。

当然，过度偏向社会主义可能会导致文明发展变缓，而过度偏向资本主义则会导致社会贫富差距扩大。这时大家应该会想要问："那我们到底应该选择哪一种呢？"其实我们并没有必要选择其中的一方。

就像我们只需要把电视的音量调整到 0 和 100 之间合适的位置上即可一样，只需找到那个恰当的位置即可。

而那个恰当的位置，就是上文介绍到的"可持续经济体系"。

当然，就算未来诞生了一种全新的、超出资本主义和社会主义框架的国家组织结构也不足为奇。

不论什么都行。**只要它是可持续的，能够给人类带来幸福的生活就好。**

结语

本书中出现的钻空子人，以及可持续经济体系（SES），均为作者自创并使用的词语。

在这个世界上，对于那些有问题但不至于违法的行为，总是倾向于苛责其个人品格。如"做灰色生意，最差劲的人""他们就是在榨取中间价"等。虽然能理解这种心情，但仅仅靠苛责当事人并不能使问题得到解决。那些人并没有触犯法律，因此多数都没有心怀恶意。被指责的人也会顶嘴反抗，最后只会使争论陷入泥沼。我们不应该将自己禁锢在上述思维中，而应站在"问题在于漏洞百出的系统"的视角上看事情。不应该让人和人之间争吵不休，而应倡导所有人一起面对和修正社会结构，这才是更有建设性的做法。为此，本书引入了钻空子人这一说法。通过这个词的使用，我们能够明确地表示"某些人或许并未心怀恶意，却钻了规则的空子，这对社会而言是不利的"。这样一来，或许大家就能够朝着同一个方向前进了。

关于"可持续经济体系"，虽然社会上很多人都在讨论"贫富差距扩大不可取"等问题，以及"应该实行累进税制"等方法，却找不到一个恰当的词，从全局的角度表示人们应该追求的、积极的经济目标。与此同时，"SDGs"一词已经渗透到全世界，它把原来的"禁止乱扔垃圾""减少浪费"等口号，变成了"让我们进行可持续的开发"这一既简单易懂，又积极向上的表达。在它的启发下，我想到经济领域或许也可以用同样的说法。

应该很少有人认为，若人类社会的某个角落发生了革命、战争、疫病等"悲剧性的重置"会是一件好事。因此，不论是支持马克思主义，还是主张资本主义的人，应该都赞成构建可持续的经济体系。

只要人们有了共同的目标，那么当对具体的实现手段展开争论时，即便是"再把累进税制加强一些……""不对，应该加强基本生活保障收入……"等不同的主张，在氛围上肯定也会变为向着共同的目标展开讨论的气氛，而不是针锋相对，主张冲突。基于上述理由，本书使用了"钻空子人"和"可持续经济体系"等说法。不过，这只是为了让大家更易于理解而创造的一些词语，并非对经济学的理论解法延伸，还请各位读者放心。若这样的处理能为各位读者理解相关知识助上微薄之力，我将倍感荣幸。

我决定写本书的初衷在于，我认为如果每个人都能了解更多关于国家结构和货币机制的相关知识，那么世界应该能够变得更好一些。

不论是国家还是货币，都是人类为了每个人能够幸福地生活而创造出来的，并不是一种不可控制的自然现象。"台风来了"之类的自然现象和"通货紧缩来了"是两种截然不同的现象。国家和货币都是人工产物，因此，若一定要对其归类，那么经济现象实际上更接近"我们安装自来水管后，一拧水龙头，就有大量的水流了出来"。只要我们理解充分、控制良好，就一定可以把世界建设得更加美好。然而，我们的现状却是，不论政治家、国家公务员还是拥有选举权的我们，不论是伟人还是凡人，不论是孩子还是成人，基本上都没有充分了解经济的运行机制，始终生活在对经济的误解之中。

我并不是想要批判当前的政治家或者官僚。虽然社会对他们的印象很差，但仅就我所知，国家公务员及从事政治相关工作中的大部分人确实是抱着"想把国家建设得更好"的远大志向努力工作的。

不论是官僚、政治家、公务员、工薪阶层、技术人员、专职人员，还是在工厂工作的工人、清洁工，所有人都非常重要，都为社会的发展做出了贡献，都是不可或缺的存在。人类社会存在的基础在于不同的人承担不同的角色，因此，每个人所从事的都是重要的工作。

但是，问题在于，由于大家对经济运行机制的不理解，明明每一个人都在努力，但整体却在朝着错误的方向发展。在日本，人们对"钱为何物""国家究竟为了什么而存在"的认识不尽相同，使做出正确的判断越来越困难。那些误解国家是靠税收来运转的人，会认为"因为征税的预算不足，所以没法救助贫苦的穷人也是没有办法的事情。应该提高消费税。应该给高额纳税人更多优待"。而那些把金钱误解为一种能够自然表现价值的魔法物品的人，则会认为"从事不能赚钱职业的人，是无能的人"。

上述观点显然都是错误的。日本拥有足够全体国民生活下去的房屋、物资和食物，所以理应不存在无法拯救饥困人员的情况。

金钱并不能完美地展现出工作的价值。有的工作收到的报酬极低，这并不合理，但这种情况并不在少数。当错误的观点传播开来，必要的政策得不到通过时，必定会使众多人陷入困苦之中。如上所述，对处于根基地位的国家和货币等的基础认识出现偏离，将影响人们做出正确的判断。若任由这种情况继续发展下去，社会贫富差距将进一步扩大，更多的社会弱势群体将被逼入困境。相信大家应该也感受到了社会不安的逐渐增强，社会治安的不断恶化。回顾以往的历史便可知，当这种扭曲变形的幅度大到无法再支撑下去时，只有发生革命或战争，才能够缩小这种社会贫富差距。我不希望看到这样的情况。我希望和平的社会能够持续下去，不论有力者还是弱势者，所有人都能够幸福地生活，希望这样的时代能够更长久地持续下去。

因此，我才希望有更多的人能够了解国家和货币的结构机制。我坚信，如果每个人对此的理解都提高到了一定的程度，社会朝着错误方向前进的情况也会得到改善，世界也会因此变得更好一些。具体决定各项小规则的市政工作人员、政治家、官僚，以及拥有投票权的人们，所有人都在以社会构成者的身份提出一条条具体的意见，创造着一个个具体的制度。因此，只要大家都能充分理解"钱为何物""国家究竟为何而存在"，世界一定会改变。我写下此书，希望能略尽绵薄之力。

阅读至此处的各位读者，若你在阅读本书的过程感受到乐趣，还希望你能将本书推荐给其他人。我认为，若更多的人能够充分理解"税收不是国家的财政来源""重要的不是金钱数字的大小，而是人力、技术、实质性的物资等"观点，并让这些观点成为社会上的共识，那世界一定会发生改变。这些观点确实很基础，只要稍微思考一下，就能发现它们都是理所当然的事情。但是，由于这个世界十分复杂，当前甚至连大部分政治家却没有充分认识到这些问题。我衷心地希望本书能够为社会认识的变化带来一些契机。

希望本书能为各位读者带来些许帮助，让我们碰触到人类更加美好的未来。

诚挚感谢各位读者对拙文的阅读。谢谢！

致谢

在本书的执笔过程中，得到了监修井上智洋老师和望月慎老师的诸多帮助，深表感谢。另外，我还要感谢教给我 MMT 基础知识的 Kotatsu 老师，是他带领我跨出为经济着迷的第一步。

此外，得益于本书的编辑桥本圭右先生，Sanctuary 出版社的各位，以及执笔过程中一直在支持我的妻子，本书才得以付梓出版。

衷心感谢！

相关推荐

关键跃升 10 讲

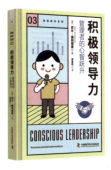

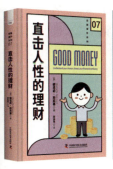

30 天通识系列

经济学通识系列